ソーシャルワーカーの
成長を支える

グループ
スーパービジョン

苦しみやつまずきを乗り越えるために

山崎美貴子 ● 監修
明治学院大学山崎美貴子ゼミソーシャルワーク勉強会 ● 著

中央法規

はじめに
～この本を手に取ってくださった皆さまへ

　グループスーパービジョンを始めてから30年以上が経過した。この間、社会福祉士や精神保健福祉士という国家資格の誕生、研修制度も徐々に整備され国家資格に上乗せする形で認定社会福祉士、認定精神保健福祉士制度もできた。介護保険制度が創設され「介護支援専門員」というケアプラン作成を担う新しい職種が定着するなど、ソーシャルワーカーを取り巻く環境にも大きな変化があった。

　しかし、ソーシャルワーカーは依然として一人ないし少人数の職場であることが多く、仕事の領域も広く、周りの職員から理解されにくく、孤独に陥ることが少なくない。孤立無援で働くソーシャルワーカーが成長するためには、課題を共有し、自分だけではなかった、同じようなところで同じように悩んでいた、あるいはそういう解決方法もあったなどと語り、実践を言語化して自己省察をする機会が必要である。

　ソーシャルワークもソーシャルワーカーも、時代とともに変わっていく。現在は「地域包括ケア」が掲げられ、「地域のなかで支えていく」という考えのもと、病院と地域、施設と地域、そして保健・医療・福祉など、さまざまな領域で連携・協働し、「切れ目のない支援」を行うシステムの構築が急がれている。

　現在のソーシャルワーカーには、個人の支援だけではなく、さらに多くの人や機関と協働し地域づくりを担う役割と視点が求められている。このなかで、さらに多くの苦悩が生まれている。例えば、協働する相手や資源がみつからない、あるいは資源があっても一人ひとりの多様性にこたえきれるほど柔軟なシステムになっていないなどだ。「地域でその人らしく安心して暮らし続ける」という視点からみると、連携や協働するための資源開発が急務の課題となっている。

一方で、ソーシャルワーカーの実践は常に現場のなかにさまざまな宝箱が隠されている。しかし、実践現場では毎日が忙しく、その宝箱の存在に気づけないこともある。ソーシャルワーク実践の面白さ、奥行きの深さに気づくには、仲間との学びの共有が欠かせない。ぜひ、仲間を見つけ、そうした仲間と実践を学び合う時間を共有する場を作ることを期待したい。そして、その道標を仲間と一歩一歩築き上げ、ソーシャルワーク実践を身に付けてほしい。本書がその一里塚となることを心から願っている。

　ここで取り上げた事例は、いずれも経験の浅い仲間の実践記録である。取り上げる側面は異なっているが、事例に即して多様であってよいと考えたものである。形式や方法にこだわらず、仲間たちが自由に事例を持ち寄り、グループスーパービジョンを通じて、自らの実践を語り、その時々の苦しみ、とまどいを胸を開いて語り合った。苦しみ、迷いながらも学びの場を継続し、歩み続けることができた「証」として本書を届ける。

　時に「支えること」「共感すること」「学び合うこと」「資源を探り、開発すること」「自己省察すること」「新しい支援を見出すこと」「管理的手法の見直しをしてみること」などたくさんのストックを探り出す場であったことを記しておきたい。

　ソーシャルワーカーとして何とか現場にとどまり、自身の成長につなげていくためには、仲間と学びを共有する定期的な時間や、同じ方向を夢見ていくことが欠かせない。ともに支え合い、成長することができる機会として、グループスーパービジョンを活用してほしい。

2018年5月

山崎　美貴子

目 次

はじめに
～この本を手に取ってくださった皆さまへ

第1章 本書の活用の仕方

1 本書の目的 …………………………………… 2
2 グループスーパービジョンを始めたきっかけ … 4
3 本書の構成と活用方法 ……………………… 7

第2章 苦しみやつまずきを乗り越える グループスーパービジョンの実際

1 スタッフがかかわりに疲れてしまった
難病患者とその家族への支援
～私は何もできないという無力感のなかで ……………… 15

2 ターミナル期のがん患者へのかかわり
～ソーシャルワーカーとしての私と個人としての私 … 28

3 「了解のよくない」家族への支援
～寄り添うことが難しいクライエント ………………… 40

4 重症心身障害児の養育問題をかかえる
母親への援助
～怒りや攻撃的な感情表出の理解 ……………………… 51

5 入院中に離婚となり、一人暮らしを余儀なく
されたうつ病患者への支援
～寄り添いに時間がかかるクライエント ……………… 65

6 HIV／AIDS患者へのかかわり
サポートチーム作りを通して
～社会的偏見を抱えた患者さんを支援するために …… 77

7 乳児院家庭支援専門相談員としてのかかわり
～ソーシャルワーカーの専門性の確認 ………… 91

8 介入を望まない高齢者へのアプローチ
～いかに心の扉をひらいていくのか ………… 104

9 チームアプローチを進めていくために
～私は何をすればよいのか ………… 115

10 矛盾を経験した私
～5事例を振り返って伝えられること ………… 127

11 デイサービスセンターにおける
ソーシャルワーカーの実践記録
～年表を作ってみて ………… 134

12 地域における医療ソーシャルワーカーの活動
～X区医療福祉相談会の成り立ちと今後の課題について … 144

第3章 やってみよう！ グループスーパービジョン

1 仲間を探し、関係と場を作る ………… 159

2 グループスーパービジョンにつなげる事例検討会 … 161

3 セルフスーパービジョン ………… 165

第 **1** 章

本書の活用の仕方

1 本書の目的

　本書は、クライエントの支援方法を検討した事例集やグループスーパービジョンの進め方の解説書ではない。焦点をあてているのは、ソーシャルワークを実践するワーカーであり、その悩み、苦しみ、葛藤である。そして、ソーシャルワーカーがグループスーパービジョンのやりとりを通して支えられ、仲間の助けを借りながら少しずつ成長していく過程を、事例を通してつぶさに伝えている。

　ソーシャルワーカーの成長の道のりは平坦ではない。制度や組織の壁、孤独、そして自分の価値観との闘いである。クライエントに寄り添い伴走しようと試みるが、悩み、つまずき、矛盾を抱えて呻吟する。そしてクライエントに飲み込まれていく……。

　このようななかで、ソーシャルワーカーとしてどうにも前に進めずに立ち止まってしまうことがある。ソーシャルワーカーはクライエントを支援しながら、必然的に自分の感情や自分自身と向き合わざるを得ないのだが、出口が見えず、どこにも歩き出せなくなることがある。

　そんなときに助けになるのは、現場で実践を行っている「仲間」であり、気づきを与えてくれる「スーパーバイザー」である。仲間とともに違和感や苦悩を言語化し、それに向き合い、分かち合う。この分かち合いの時間を共有する。そして自分自身とソーシャルワーカーとしての自分の意味を問うてみて、やっとクライエントに寄り添おうと再び歩き出すことができる。ソーシャルワーカーとして成長するためには、自らの感情と向き合い、仲間とともに悩み、ともに学ぶことが大切なのである。

　本書では、今まであまり表に出ることがなかったソーシャルワーカーの生身の苦悩や葛藤と、それを乗り越えワーカーとして成長する方法の一つとして、グループスーパービジョンがあることを、事

例を通して明らかにしていく。

　実践現場で日々奮闘しながら、クライエントとの関係に悩んだり、組織や制度の理不尽さにつぶされそうになったり、自分の役割に悩む多くのソーシャルワーカーに、「みんな同じようなことで苦しんでいた」、そして「苦しんでいいのだ」と伝えたい。そして「苦しみを仲間の助けで乗り越え、成長することもできる」というメッセージを伝えることが、本書の目的である。

第1章　本書の活用の仕方

2 グループスーパービジョンを始めたきっかけ

　明治学院大学社会学部山崎美貴子ゼミの卒業生によるグループスーパービジョンは、今から30年以上前、ソーシャルワーカーとして病院に勤めていた卒業生の相談から始まった。

　その新人ソーシャルワーカーは、ある日主治医から依頼を受ける。病棟に入院した60代の女性が死を迎えようとしているのだが、本人曰く身寄りがないので、死後のことなどどうしたらよいかとの内容だった。本人は状態が悪く面接もできなかったため、主治医の依頼だけで動くしかなかった。当時は個人情報について今ほど厳しくなかったので、役所の老人福祉指導主事や警察などと相談しながら対応を検討していったところ、アパートの大家さん経由で本人の菩提寺がわかり、そこから兄と連絡をとることができた。本人は若いころ実家にいた書生と出奔し、兄は50年以上探していたという。年齢も本人の話とは５歳ほど違っていた。

　兄は渡航の予定があり看取ることはできないが本人と会いたいと強く希望し、ソーシャルワーカーが主治医と院長に許可を得て、面会に至った。ソーシャルワーカーは面会に同席はしなかったが、本人と兄は再会をとても喜んでいたと看護師長から報告を受けた。そして、その２週間後に本人は旅立った。

　美談のように聞こえる事例だが、ソーシャルワーカーは「身元を明らかにし、親族と連絡をとったのは、本人の自己決定に反していたのではないか」と悩む。本人は「身寄りはない」と言っていたのに親族を探し出し、「親族と会ったほうが良いのではないか」と情緒的に判断してしまったのではないか…。

　当時は社会福祉士などの国家資格はなく、ソーシャルワーカーの社会的な認識も低かった。病院においてもソーシャルワーカーを配置するところは少なく、配置されていても１人か２人という少数職

場であることがほとんどだった。このようななか、ゼミの卒業生はほかに相談できるところがなく、思い余って筆者に相談にやってきたのだった。

　話を聞きながら、ソーシャルワーカーの迷いが強く伝わってきた。筆者はソーシャルワーカーの支援として考えたとき、ソーシャルワークのプロセスに基づいて行われたのか、本人の状況をアセスメントし、ソーシャルワーカーが介入したときのメリットとデメリット、そしてリスクなどを十分に検討したのかということを指摘した。彼女は思案しながらも、話し終えるときには安堵の表情を浮かべていた。

　このやりとりから、専門職として責任をもって仕事を果たすためのスーパービジョンの必要性を痛感し、卒後教育も意図した研究会を作ることとした。また、研究会では価値、知識、技術を深めると同時に、ともに学び合う仲間をつくることも目的とした。

　こうして卒業生によるグループスーパービジョンが始まった。最初は有志数人が集まり、研究室でグループスーパービジョンを行った。メンバーにはソーシャルワーカーになった新人が次から次へと加わった。ゼミの卒業生を核にしながらも、メンバーの紹介があれば誰でも参加できるオープンなものであったので、メンバーが知り合いのソーシャルワーカーを連れてくるなどして、参加者の輪は広がった。当初は月1回開催し、その後中断する時期を経ながらも年に数回のペースで継続していた。

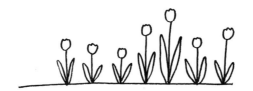

1回のスーパービジョンは3時間程度で、次のように進めた。まず、事例提供者が事前に作成してきたレジメをもとに30分から45分程度発表する。その後、当日集まったメンバーで質問を重ね、討議をするのであるが、メンバーの質問の多くは事例そのものではなく、事例提出者に焦点があてられた。その時の事例提出者の気持ち、行動や言動、それらを選択した根拠などを掘り下げていく。事例提出者はそれらの質問を手がかりに、自分の支援と気持ちを振り返ることとなる。一人ではできない内省を、仲間の手を借りて行っていくのである。スーパーバイザーはその質問の方向や内容を整理し、深め、質問の手助けをする。そして最後にスーパーバイザー（筆者）がコメントし、最後の振り返りを行う。時には、ソーシャルワークの視点の説明や現在の政策動向などについて、ミニ講義のようなことをすることもあった。最後に、次回の発表者を決めて解散という流れである。

　このグループスーパービジョンはメンバーで討議し、悩みを共有し、支えあってきたことが特徴である。時に、厳しい指摘や心の中に深く踏み込む質問もでるが、それはソーシャルワーカーが成長するうえで欠かせないものであると皆がわかっていた。メンバーはそれぞれの仕事を終えて駆けつけ、長時間熱心に議論した。そして帰るときは、「来てよかった」、「もっと勉強しよう」、「明日からの実践を頑張ろう」など、充実感を抱くことができた。

3 本書の構成と活用方法

本書は、3章構成となっている。

まず、この第1章では、本書の目的や活用の方法などについて述べる。

第2章では、実際のグループスーパービジョンのやり取りを12事例収載した。事例は登場人物および執筆者が特定できないよう改変・加工してあるが、すべて事例提供者が実際に経験したものである。クライエントとの関係作りに悩む事例や、チーム内での役割に悩む事例、組織の理不尽さに直面した事例など、多様な苦悩や葛藤が述べられている。これらは経験の浅いソーシャルワーカーの助けになるだけではなく、経験者がスーパーバイザーとなった場合に、スーパーバイジーにどのように「気づき」を促していくのかについても学べるようになっている。

第3章では、主としてネットワークの作り方について述べている。スーパービジョンを行う機会が職場内にない、あるいは近くにないソーシャルワーカーが、どのようにお互いを支え、高め合うネットワークを作っていけばよいのか。そのヒントとなるであろう。

そして、本書の事例を通じて、以下の点を学んでほしい。

1 継続学習の必要性

ソーシャルワークは「人」を対象にする臨床的実践をする仕事である。「人」を相手にする仕事は、絶えざる人とその環境の変化を見落とさないで、より深く、より広く探索していくことを求められる。

そして一番必要なことは、自分が担当するクライエント、あるい

はクライエントの家族やその人の環境の相互作用等をしっかりと理解していくことである。次いで担当者として自分がかかわるプロセスを通して、焦点となる課題をクライエントとともに見出し、解決に向けて方法を組み立てていくことが求められる。そのためには、絶えざる学習の継続が必要であり、グループスーパービジョンはその機会となる。

2 職場の内外での仲間づくり

　組織の中で、ソーシャルワーカーというポストや職種に対する正確な理解・認識がほかの専門職や経営側から得られていないとき、悩み、苦しむことが多い。少数職場であることが多く、相互に理解し合える、同じような職種の人がいないこともある。幸い職場内にスーパーバイザーが配置されている場合はよいが、そうでないときはその役割を職場外に求める必要がある。グループスーパービジョンという機会をつくることで、その思いを共有し合い、支え合う仲間をつくることを学んでほしい。

3 相互学習による支援と向上の必要性

　ソーシャルワーカーは、経験の浅いワーカーに対し、先輩ワーカーが問題意識や自分が直面した悩みを提示し、それをどのように乗り越えたのかを相互学習する機会をもたなければならない。そして、その事例を素材として討議を繰り返し、積み重ね、互いに業務内容をより豊かにする経験を分かち合うことが必要である。経験と知見の共有と伝達も、グループスーパービジョンの大きな目的であり、ソーシャルワーカーとしての責務でもある。

4 価値の共有化と内実化の必要性

　ソーシャルワーク実践における価値や態度を共有し、しっかりと自分の中に内実化させる体験的学習をしてほしい。

　例えば、人は疾病や障害、死に直面し、今までの人生では体験していない新しいライフスタイルを構築しなければならない事態に向き合う。ソーシャルワーカーは、人間の尊厳というものをいつも意識して、その人がどのような状況にあっても、人間の尊厳を持って、生き続けていくことを支援していく。その「一人ひとりがかけがえのない人格を有する存在」としてとらえる視点を見失うことなく、支援の基盤を確立するためには、不断の努力が必要である。グループスーパービジョンは、自己のかかわりを省みる大切な機会であり、また仲間の実践を通して価値を再認識してほしい。

5 知識や技法の内実化、新しい理論やモデルの体験的習得

　大学では理論や抽象的な方法を学ぶのに対して、実践現場では一人ひとりのクライエントに自分の持っている方法や、自分の中にあるさまざまな知識等を総動員してかかわることになる。グループスーパービジョンでは、実践例を活用して往還的な関係が生まれ、理論と実践を行き来する。このフィードバックを通して実践者としての力量を高め、検証を重ねながら、実践者として成長するのである。

6 「心進まざるクライエント」への支援方法の開発

　悩みを一緒に共感したり、どうしたらいいのかを考えたり、話し合ったりする機会を構成できないクライエントがいる。「心進まざるクライエント」とは、問題を外在化して支援を求めることをしな

い人であり、協働する関係を築くことが難しい場合が少なからずある。社会的サービスへの拒否や、情報の不足から「心進まざるクライエント」は少なくない。そうしたクライエントは周囲から孤立していて、インフォーマルサポートがなく、フォーマルサービスも利用していないことが多い。

ソーシャルワーカーの側がどのようにアプローチし、支援するかが問われるところである。こうした「心進まざるクライエント」への支援方法を開発することが求められている。グループスーパービジョンでは、多様な職場、クライエント、アプローチが取り上げられる。それらを通し、「心進まざるクライエント」の支援方法が開発できる。

7 ソーシャルワーカーのポジショニング

常に変わる組織や制度のなかで、ソーシャルワーカーは翻弄される。クライエントが抱くいろいろな悲しみや紛糾は、組織内の業務執行に関するアドミニストレーションの不足から、拡大されたり混乱を起こしたりすることもある。具体的には、人事管理のバランスや位置づけのまずさから、組織のシステムを活用できなかったり、チームアプローチが展開できない事例にそれが現れる。

また、公的な制度の改革や変更についてスーパービジョンのなかで議論を重ね、課題を共有することもある。

翻弄されつつも、「クライエントのために何とか頑張ろう」という思いが、組織内での自分のポジションを作ることになり、またそれを変えていくことにもなる。グループスーパービジョンでは、仲間とその気持ちを共有し、強化することができる。

本書は、経験の浅いソーシャルワーカーにとっては、事例からソーシャルワーカーの苦悩に接することで、ソーシャルワークの価値を考える大きな助けになるであろう。そしてクライエントと自分

との「関係」を考える一助ともなる。また経験を積んだソーシャルワーカーにとっては、上記に加え、部下や後輩の成長を助けるスーパービジョンをどのように進めていくのかという点から読み進めることもできよう。

　通常、スーパービジョンの機能としては「支持的支援」「教育的支援」「マネジメント、アドミニストレーションに関する支援」があげられる。加えて、「コンサルテーション機能」が求められる場合がある。それは、新たな情報提供が必要なときである。さらに、資源が不足していたり、制度の不備、欠陥、適切な資源が全くない状況などに対して、資源の創生・開発が必要な場合も少なくない。そのような議論に発展させ、地域の支援と利用者とその家族、家族会など当事者活動の組織化へと議論を進めていく役割もあった。このように個別支援と集団・家族支援、地域支援を一体的に進めていく必要など新たな支援方法を生み出す議論にも注目してみることをすすめたい。

　学生は、現場でのソーシャルワークがどのように展開されているのかという実践集として読むこともできる。多くの読者にとって、本書が臨床実践とソーシャルワーカーとしての成長の「糧」となることを願っている。

第2章

苦しみやつまずきを乗り越える
グループスーパービジョンの実際

本章では、実際のグループスーパービジョンのやり取りを12事例収載した。すべて、ソーシャルワーカーが実践のなかでぶつかった苦しみやつまずきである。クライエントとの関係、チームでの役割やチームの動かし方、組織の理不尽さなど、経験や分野にかかわらずすべてのソーシャルワーカーに共通する苦悩や葛藤が述べられている。

　本章では、グループスーパービジョンを通し、ソーシャルワーカーがそれらの苦悩をお互いに共感して分かち合い、解決の糸口を探っていく過程をみていく。

　経験の浅いソーシャルワーカーは、自分のつまずきが自分だけの悩みではなく、多くのソーシャルワーカーがたどってきたことに気づくだろう。また、経験を積んだソーシャルワーカーにとっては、スーパーバイジーの「気づき」に焦点をあてたスーパービジョンの進め方を学ぶことにもなる。

　なお、本章の事例は個人が特定できないよう、事例の一部を改変し加工している。

1 スタッフがかかわりに疲れてしまった難病患者とその家族への支援
～私は何もできないという無力感のなかで

提出者のプロフィール

- 公立病院医療ソーシャルワーカー　● 女性（経験8年）
- 神経難病の専門病院
- 院内にソーシャルワーカーは4名、退院調整看護師は3名配置されている。

事例提出理由

　ALSは神経難病の一つである。その進行は逃れられない速度で患者を襲い、その身体的・心理的・社会的な生活の質を大きく低下させてくる。そして死を迎えるか人工呼吸器で生きるかの決断を迫ってくる。

　これは、ALSの患者・家族にパニック状態が続き、徐々に医師や看護師・保健師から接しにくい患者・家族として認識されてしまった事例である。院内の多職種のなかで、医療職ではないソーシャルワーカーの自分には、なかなかうまく調整できないことがつらかった。また患者・家族からも信頼されていないのではないかと疑心暗鬼になってしまった。

　病気が進行するなかで、何もできず歯がゆく無力感に襲われていた自分。一体自分に何ができたか、どうすべきだったのかを振り返り、考え直したいためこの事例を提出した。

援助経過

1 援助開始時の状況

　Aさんは50代の男性。妻と娘との3人暮らし。妻は専業主婦、娘は仕事が忙しく休めない。息子は市内に居住している。

　会社は休職中であり、社宅を2年以内に転居しなければならない。

　大学病院で後縦靭帯骨化症の診断で手術をしたが改善せず。地域の病院でALS（筋萎縮性側索硬化症）と診断され、妻のみに告知された。

2 事例の経過

◆ インテークから入院まで（発症後1年2か月～1年5か月）
「動揺の時期」

　初回、妻のみが医療相談室に来室した。かなり切羽詰った様子で「夫は自分がALSだということに気づいている」「テレビや雑誌で観るたびに『これが自分の病気に違いない』と確信した様子で言っている」「このまま病気の診断がされない状態では、本人も家族も精神的につらい」「病気について説明してくれる医者がほしい」と訴えた。

　ソーシャルワーカーは妻からの不安の訴えを受け止めるとともに、病院の事情として、

・入院したとしても、将来、人工呼吸器を装着しての長期入院はできないので、自宅介護か転院していただくことになる。
・病院の在宅診療は、審査制のため必ず導入できるとはいえない。
・転院先も限られている。

と説明したうえで、外来受診日を予約した。

病院の状況：当時、ALSは新規の入院を受けにくい状況だった。

初診外来予約日までかなりの日数があった。

◆ 入院初期（入院～３か月）「告知の問題」

妻は、夫（患者）に依存して暮らしてきたようで、面会時は夫の横にべったりと付き添っていた。医療相談室には妻単独では来られず、いつも夫と一緒だった。

夫のことをかわいそうと言い、病室を出るといつも夫にわからないように泣いていた。

外来はベテラン医師が担当したが、入院時に若い医師が主治医になったため、妻は不信感を露わにした。「あの医師が告知するのでは、夫がかわいそうだ」と嘆いていた。

ソーシャルワーカーは、本人・妻それぞれと頻回に面接を行い、心理的な支援に努めた。

◆ 告知後、在宅審査会（１回目）まで（入院後４か月～５か月）

病気の進行と同時にADLが落ちていくなかで、本人も妻も人工呼吸器を装着するかどうか決断できず、堂々巡りに陥っていた。人工呼吸器を装着した状態のイメージがわかず、尊厳死を希望したかと思えば、装着して積極的に生きている人に感銘を受けたと発言していた。

家族にとっては、装着しても在宅の介護体制が取れるかが大きな不安であった。本人のナースコールが頻回であり、病棟では問題事例となっていた。また、それをかばう妻は"接しにくい家族"とされてしまっていた。

ソーシャルワーカーは、
・本人、妻ともに堂々巡りの状態であること
・情報不足で過度に不安になっていると思われること

を主治医・看護師はじめスタッフに伝え対策を練った。そこで、在宅で人工呼吸器装着を希望しているほかのALSの患者と引き合わせてみた。この出会いは、本人にとって特に心強かったようであった。

　そしてソーシャルワーカーはリハビリテーションスタッフとともに自宅を訪問し、福祉用具導入や住宅改善等の整備を進めた。関係機関と話し合いを重ね、妻に在宅イメージがわくよう支援した。その後、在宅診療を導入するかどうかの会議が開かれた。

病院の状況：会議では、新たな事例が出たことで在宅には厳しい意見が出された。退院調整看護師は、一度妻と面接した印象で、「妻は長期入院を希望している。在宅は無理だろう」との意見だった。ソーシャルワーカーは「あれは大丈夫か、これは大丈夫かと問い詰めていけば、あれもこれも不安となる。在宅への希望はあるのだからもう少し検討してほしい」と主張した。結局、もう2～3回自宅外泊し、見極めることとなった。

◆ 人工呼吸器装着と主治医交代（入院後4か月～7か月）

　外泊を経験し、人工呼吸器装着に至った。本人の装着の意志ははっきりしていた。しかし、自発呼吸と人工呼吸器がファイティング（患者の呼吸と人工呼吸器の補助や強制換気が合わないこと）を起こし、不安が高まり、ナースコールがますます頻回となっていた。そのような状況に加え、主治医の転勤により別の中堅の医師に代わることとなった。本人・妻はまた不安を訴えた。

　新しい主治医と妻はすぐに衝突した。その医師はソーシャルワーカーや他のスタッフに、家族を"非常識"、本人を"問題患者"だとして嘆いていた。

　ソーシャルワーカーは、家族やスタッフそれぞれの意見や思いを聴き、調整を図ろうと動いた。

病院の状況：病院規則により人工呼吸器装着後は原則として早期に
退院しなければならない。しかし、病状が落ち着かない。カン
ファレンスを何度も行ったが、患者・家族に対する評価は厳し
く、スタッフは徐々にかかわりに疲れていった。

◆ トラブルと主治医交代（入院後７か月〜11か月）

外泊時、病状が落ち着かず救急車で病院に戻るという事態が起き
た。病院としては、早期退院を進めなければならないが、スタッフ
は疲弊し、どうすればよいのかわからなくなっていた。今にもチー
ムが崩壊しそうだった。ソーシャルワーカーはなんとか調整しよう
と努めていた。

一方で、病院規則の解釈や運用について改善すべき点を明確にす
べく、上司・同僚ソーシャルワーカーや多くの医長以上の医師等と
相談を進めた。

あまりの混乱に、病棟医長の指示で主治医が交代することになっ
た。

◆ 在宅にむけて（入院後11か月〜１年５か月）

ベテランの新主治医と患者・家族の関係がうまくいったため、ス
タッフ全体も落ち着いてきた。多職種で、在宅のためにどのような
情報が不足しているかを確認し合った。本人は自発呼吸がほとんど
なくなり、眼球・手指の運動機能低下によって文字盤も特殊スイッ
チも使いづらく、コミュニケーションが取りにくくなっていた。し
かし、全体的に状態は落ち着いてきた。そこで、１か月在宅療養を
してみることとなった。

この段階で関係機関との連絡は退院調整看護師に窓口を移行し、
ソーシャルワーカーは家族とスタッフをつなぐことに力を入れた。

◆ 第３回目の在宅導入（入院後１年５か月〜１年10か月）

在宅診療を開始した後、新居への引っ越しがあった。家族の対応

の未熟さが指摘されるも、そう混乱することなく在宅ケアが継続できた。胃瘻（いろう）とバルンカテーテルが導入され看護も楽になったようだった。

　初診で診たベテラン医師が主治医となり、その力が大きく、ようやくチームがまとまることができた。

スーパービジョンの実際

メンバー：ALSは過酷な難病ですよね。あっという間に進行してしまう。

提出者　：はい、病気がどんどん進行し、徐々に身体が動かないようになり呼吸状態が悪くなっていきました。患者さんもご家族もその変化に苦しまれていました。

メンバー：その変化はさぞかしつらかったでしょうね。苦しく余裕がなかったでしょう。

提出者　：はい。患者さんもご家族も、それぞれ全く余裕がなかったようです。患者さんはクッションを直して身体の角度を変えてほしい、吸引してほしいとナースコールが大変頻回でした。家族も毎日来院し、病棟で患者さんとともに不安がっていたので、対応する病棟看護師は疲弊し、この患者さんに対応することがつらく億劫になっていったようです。

メンバー：この家族には、医療スタッフ以外で妻をサポートする人はいなかったのですか。

提出者　：いなかったです。誰にも病気のことを知られたくないと思い、親戚や友人にも相談をしていなかったようです。近所付き合いもしていないと言っていました。患者さんも奥様も特に同居している娘さんには負担をかけたくないという思いが強かったようなので、娘さんにサポートしてもらうのも当初は難しいようでした。

メンバー：患者さんもご家族も孤立していたのですね。

メンバー ： そのなかで、人工呼吸器を装着するかどうかも決断してもらわないといけないのですね。

提出者 ： そうです。病気が進行し、いよいよ呼吸状態が危うくなった際に、人工呼吸器を装着するかどうかを決断していないと本人の意志に沿った処置ができないのです。

メンバー ： どのような選択が必要なのですか。

提出者 ： 人工呼吸器を着けて生きていくことを選ぶ場合には、在宅療養か遠方の神経内科療養型病院への転院をしていただくようになりますし、人工呼吸器は希望せず、「呼吸が止まったら死を受け入れる」という人もおられます。人工呼吸器を装着して長期入院できるような病院は近くにはないですし、在宅療養が無理となると知らない土地の病院で長く療養せざるを得ないのです。

メンバー ： 深刻な選択なのですね。

提出者 ： 当院は人工呼吸器を装着したら長期入院ができないので、そこも患者さん・ご家族には厳しい選択なのです。

メンバー ： 自分の病院でも、看護師からは「急性期病院ではとても受けられない」という声を聞きます。5分おきにナースコールが鳴るような状態では看護ができないと。ほかにも、患者さんはもともと嫌がっていたのに、運ばれたほかの救急病院で人工呼吸器を着けられてしまった事例もあると聞きます。

提出者 ： 決断した内容がきちんと伝わるようにするのも難しいです。自分の病院ではカルテに書きますが、ほかの病院に運ばれた場合に家族が伝えられるかどうか厳しい現状です。

メンバー ： ALSの人は入院させないという病院も増えていると聞きますけど、病院の体制はどうなっているのですか？

提出者 ： まず入院の段階で、将来、人工呼吸器を希望するか否かの確認をします。

メンバー ： 入院の段階では、なかなか病気の理解も難しいですよね。

提出者 ： そう思います。そこで当院では、そもそもALSという難病は

21

疾患の理解が重要なので、若い医師とベテラン医師がペアで病状説明を行うことになっています。患者さん・ご家族が正しく病気を理解し、人工呼吸器の装着について偏りなく考え、自分の場合どうするかを決められるようにという配慮のために、そうすることになりました。

メンバー　：医師が一人では、考え方が偏るかもしれないということですね。

提出者　　：はい。それで、人工呼吸器を希望するかを患者さん・ご家族に考えてもらいます。でも在宅療養が可能かどうかは、患者さん・ご家族だけでなく院内の多職種会議で検討しています。

メンバー　：それが医師や看護師中心の会議ですね。

提出者　　：そうです。その会議のメンバーは、やはり医療職中心で、医療的な視点で判断していました。私はソーシャルワーカーとして、「家族が苦手な部分は、病院がフォローすれば何とかできる」と思っていました。同じような状況にいるほかの患者さんには在宅診療を行っているのに、この患者さんはなぜ駄目なのかと憤っていました。私は、「この家族はとても不安が強いが、支持的に対応していけば落ち着いてできる人なのではないか」と思っていました。また、家族がパニックにならないよう、もっと力を付け、支援サービスの力を借りれば在宅療養システムに乗っていけるのではないか」と思っていました。そのような意見は言ったのですが、会議メンバーにはあまり響かないように思いました。

メンバー　：医療的な視点では難しいと判断されていたのですね。

提出者　　：私はソーシャルワーカーとして、いくら動いても、動いても、空回りをしているような気がしていました。最終的には、ベテラン医師が主治医になり、その先生のリーダーシップで医療スタッフも落ち着き、ご家族もしっかりしてきたのですが、大変時間がかかりました。

1　スタッフがかかわりに疲れてしまった難病患者とその家族への支援
　　〜私は何もできないという無力感のなかで

メンバー ：なぜ、これだけ動いているのに、提出者は無力感を感じたの
　　　　　でしょうか。

メンバー ：そうですよね。初診の段階からずっと動いていましたよね。

提出者 　：動き回っていました。必要と思われるスタッフや院内組織、
　　　　　地域関係機関とも連絡を取り奔走しました。もちろん、患者
　　　　　さんの病室にも頻繁に通いました。初めからかかわっていた
　　　　　ので患者さん・ご家族も歓迎してくれました。患者さんとは
　　　　　趣味のことなども話しましたし、患者さんの発語が難しく
　　　　　なってからは透明文字盤で会話をしました。奥様からは患者
　　　　　さんへの愚痴のような、でも愛情ある言葉も聞き、とても穏
　　　　　やかな時間を持てていました。なので、私はソーシャルワー
　　　　　カーとクライエントとして信頼関係ができていると感じてい
　　　　　ました。

メンバー ：そのような状況で、どうして、かかわることが難しくなって
　　　　　しまったのですか。

提出者 　：あまりにも頻繁に病室に行っていたせいか、「ソーシャル
　　　　　ワーカーが病室へ来ると退院のプレッシャーがかかるに違い
　　　　　ない」と退院調整看護師から指摘されたのがショックでし
　　　　　た。悔しかったです。それまでは、患者さん・ご家族と信頼
　　　　　関係を築いていると思っていたのに、急に自信がなくなりま
　　　　　した。確かにソーシャルワーカーは退院を推し進める役割と
　　　　　いうのが院内の認識でしたので、そう思われたかもしれませ
　　　　　ん。悔しさと無力感が押し寄せてきました。なんだか疲れて
　　　　　しまいました。

メンバー ：そんな……。

メンバー ：でも、どうして無力感につながったのですか。

提出者 　：目指す方向性が見えないというのもありました。このALSと
　　　　　人工呼吸器については意見がさまざまで、実際のところ調整
　　　　　が難しかったのです。病院全体の方向性の問題にもなってい
　　　　　ました。人工呼吸器を装着するという「生の選択」を病院と

してどう考えるかといった問題は大きくて……。あまりに大きな問題で、徐々に、「一介のソーシャルワーカーにできることはあまりないのではないか。どんなに悩んでも、組織方針は幹部が決めるものだ」と諦めてしまいました。私自身、大きな問題に疲れてしまったのです。

メンバー：組織の問題となると大きいですよね。

提出者　：はい。それで、無力感と同時に「この状況のなかでソーシャルワーカーとは何をするものなのだろう？」と疑問が膨らんで、どうしたらよいかどうにもわからなくなってしまったのです。最終的には、医療や看護の領域の院内外調整を退院調整看護師にお願いし、スタッフや患者さん・ご家族の思いを聞き、それぞれ円滑にいくように伝えていくことを役割の中心にしましたけれど。

バイザー：かかわるポジションはどうでしたか。ソーシャルワーカーがどういう立場でかかわるのかが重要だと思いますよ。

　　　　　ソーシャルワーカーには何がつらいのかの整理が必要です。患者から評価されないつらさなのか、役割がはたせないつらさなのか、周りの職員に正しく評価されていないように感じてつらいのか。

提出者　：長い経過のなかで、主に看護師と患者・家族の間が険悪になっていきました。皆が「疲れた、嫌だ」という表情をみせるようになってしまったのです。そのなかで私は家族の援護射撃をする役割を取っているつもりでした。

メンバー：援護射撃をしていたつもりだったのですね。

提出者　：そうです。でも、ご家族の傍にいたつもりが、ご家族にとってはそうではなく「退院のプレッシャーをかける人」と思われているのではないかと思うと、酷くつらかったです。

　　　　　また、ほかのスタッフから評価されていないように思えて、信じていたものが崩れ落ちてしまったようでした。

バイザー：自分のポジションがわからなくなったのですね。

1　スタッフがかかわりに疲れてしまった難病患者とその家族への支援
　　～私は何もできないという無力感のなかで

提出者 ：どうしたらよいかわからなくなりました。

バイザー：では、ソーシャルワーカーとしての専門的な視点で、この事
例をどのように見たらよいか、まとめてみましょうか。

スーパーバイザーからのコメント

　病気により、家族のなかの役割関係の喪失が起きる。夫は自分の
生命維持で精一杯で、それまで担っていた外で働き、家計を維持す
るといった夫としての役割が果たせなくなり、妻はそのことでもパ
ニックに陥ったのだろう。

　メディカルスタッフやコメディカルが持つ「患者・家族への視
点」とソーシャルワーカーの持つ「患者・家族への視点」には少し
違いがある。このように、患者としてかかわる場合と生活者として
の福祉の視点の違いがあるからこそ、トータルケアシステムを創る
ことができるのである。

　患者の生育史やその人の社会関係、生き方、生きがい等に目を向
けることはソーシャルワーカーが独自に持っている視点である。家
族をただの「介護力」としてみるのと、「一人ひとりの社会生活を
する存在」としてとらえるのとでは違うのだ。ソーシャルワーカー
はその人が今まで大事にしていたことを聴き、尊重し、しっかりと
傍らにあって、一緒にできることを探っていく存在である。ソー
シャルワーカーは患者を「社会的なトータルな存在」として見てい
る。患者が死を迎える準備をすることは、その患者にとっての人生
の総決算になり得る。

　フォローイング（following）しながらフォーカス（focus）して
いくのがソーシャルワーカー。そのフォローしながら焦点化してい
く過程で、自分はどこに立っているかを考えていかなければならな
い。

　ときに医療職の進め方が急ぎ足になり、患者の歩幅と合わないこ

とがある。ソーシャルワーカーは患者の身体的な喪失と役割の喪失を理解し、その状況を患者・家族と共有するという役割が必要である。患者と歩幅を合わせるということだ。ソーシャルワーカーは自分の立ち位置を試されるのである。

患者の心が揺れるようにソーシャルワーカーの心も揺れる。患者の死への無力感、ソーシャルワーカーも無力感を覚える。患者がつらいときには、ソーシャルワーカーもつらい。

高いところからではなく寄り添う。ともに歩きながら、ともに探るプロセスをふまえる。人と環境の交互作用から見る。医療スタッフとは視点が違うので葛藤があるが、その事態を客観化できることが必要なのである。

提出者の振り返り

ソーシャルワーカーとしての自分がいかに未熟であったかがよくわかった。若いけれども一人前のソーシャルワーカーであろうと必死だった自分。「こんなにいろいろと動いているのに、どうして無力感を覚えるのか」と参加者から言っていただき、とてもホッとした。

事例をまとめるなかで、自分でも"背伸びしてしまったこと""かかわるべきでないことにまで手を出していること"に薄々気づいていたけれども、グループスーパービジョンの場でほかの参加者に共感してもらい、誰からも否定されず、支持的に受け止めてもらったことで、ようやく自分がどうすべきだったのかを素直に認識できたのだと思う。

そして、スーパーバイザーの山崎先生からは医療的な視点で張り合うことでなく、ソーシャルワーカーならではの視点で考え、ソーシャルワーカーであればこそのサポートの仕方があったことを思い出させていただいた。

当時を振り返ってみれば

　Aさんが在宅で終末期を送られ亡くなったとき、既に私はほかの病院に転勤していたのだが、ご家族は「葬式は済みましたが、どうぞ線香をあげにおいでください」と呼んでくださった。思い出話をしながら、私が撮った家族写真を大事に飾っているのを見せてくださったとき、大変なご苦労があったとは思うが、やはり最期の生活を家族で迎えられたことが、Aさんにもご家族にも大切なひとときだったのだと実感した。そして、その写真を選んでくださったことが私にとってはかけがえのない喜びだった。

　この事例の頃以降、病院では組織的に"ALS患者・家族にどう告知するか"の検討が活発になり、私もソーシャルワーカーとして意見を出し、取りまとめる事務局の一員となった。病院のシステムづくりに少しずつ役割を果たせるようになれたのは、このスーパービジョンを受け、自分のやるべきことを一つ見出すことができたからだと思う。また、あの頃の必死な自分を受け止め、支えてくれたスーパービジョンの場所があったからこそ、今の自分があるのだと思う。

　この事例では、これが精一杯だった。一人前に医療職と立ち並びたいと思い、医療職と同じような立場になろうとしていた。しかし、自分の立ち位置を患者・家族の傍らに置き、ともに悩み、葛藤し、揺れ、無力感を感じ、それでもともに生き方を探っていくのがソーシャルワーカーだと、それこそが大事なのだと改めて学んだ事例だった。

2 ターミナル期のがん患者へのかかわり
～ソーシャルワーカーとしての私と個人としての私

提出者のプロフィール

- 大学付属病院医療ソーシャルワーカー　● 女性（経験7年）
- 院内のソーシャルワーカーは1名配置

事例提出理由

　ターミナルへのかかわりでは、その人がその人らしく死に向き合っていく過程を支援し、尊重していくことが大切だ。しかし死の周辺にある現実の厳しさは心身を苛み、死までの生を脅かしていく。そのようななかで一人の人が個の存在に立ち返る時、その場に立ち会う者もまた自身の存在を問われているのだと思う。

　この事例では、クライエント自身の思いよりも自分の立場や周囲の事情にこだわり、死に至るまでの自然な心の流れに壁を作ってしまった瞬間があったように思う。「一緒に温泉に行きたい」というクライエントの言葉に「ソーシャルワーカーだから……」と応えてしまった自分の中には「そんなふうに言わないでほしい。適切な距離がとれないのは私が未熟だからだろうか……」というような気持ちがあり、もっと私らしい自然な返し方があったはずなのに、うまく受け止めることができなかった。

　私は、クライエントの言葉に乗せられた思いを受け止めていたのだろうか。援助を振り返り考え直してみたい。

援助経過

1 援助開始時の状況

　Bさん、50代　男性。一人暮らし。身よりはいない。長兄とは20年以上関係を絶ったままだった。長年板前として働いていたが、近年は友人の紹介で飲食店の手伝いなどをしていた。財産はない。女性の友人とはうまく付き合えるが、男性とはケンカになると殴り合いになることも度々あり、親しい知人はいない。数回結婚したが、子どもが生まれると離婚し、絶縁状態となっていた。

　外来の医師が「肺がんで入院治療が必要。一人暮らしで親族とのかかわりもないため本人に病名の告知をしたが、入院したくないと言うので困っている。今後の生活に不安があるのだと思うので相談にのってほしい」とあわててBさんを連れて来室した。Bさんは「今までも一人で生活してきたので、一人暮らしで何が不安なのかと聞かれても……」とうつむいた。医師自身の動揺にBさんが巻き込まれている様子が見てとれた。

　ソーシャルワーカーが「Bさんの問題なのに病院の方が先走りしてしまってすみません。Bさんが今困っていることに何かできることがあればと思いますが……」と言うと「入院はしたいが、ずっと体調が悪くて働けなかったので入院費がない」とのことだった。医師には「医療費のことはBさんと相談していきますので、治療をよろしくお願いします」と伝え、退室をうながした。医師の退室後、改めてBさんとの面接を開始した。

2 援助経過

◆ 初期；初回入院

　入院保証金と高額療養費制度を活用し、手続きについては福祉事務所の担当者と連絡を取り合いながらBさんが困らないよう生活保

護の申請について相談して進めた。

　化学療法が開始されると体調の崩れが目立ち、院内の歩行が困難となった。病棟面接時に「医師から『治らないかもしれない』と言われた。看護師に『何かやりたいことがありますか』『会いたいと思う人はいますか』などと聞かれると、そんなに悪いのかと思ってしまう」「死んだら献体してもいいし、火葬して灰を海にでも撒いてくれたらそれでもいい」と呟いた。

　医療費や保険請求のための手続きをベッドサイドで行いながら、Bさんの話に耳を傾けるようにした。年が明けた2月、Bさんが相談室を訪れ、「あと1年ぐらいかって自分の方から聞いてみたら、医者は黙ってたよ。あと1年か……もっと早いのかもしれないなあ（沈黙）……。アパートのこととか、ガラクタだけど残したままじゃ迷惑だろうし、一度帰ろうかなあ……」と語った。いつもぶっきらぼうな話し方のBさんが話すのにまかせて聴き、最後に「アパートに帰ることや帰ってからのことについても、入院中に話し合っておきましょう」と伝えた。退院前に医療スタッフと話し合ったところ、看護サイドから、「突然怒り出して対応に困ることがあった。病状が悪化した場合の接し方はどうしたらいいか」「再入院はホスピスの方がよいのでは……」との意見も出されたが、「感情を表現することは今のBさんにとってとても大切だと思う。そのことに助けられてソーシャルワーカーはBさんと問題整理ができている。また医師に対して親しみと信頼を寄せている。転院のことはBさんからそのような希望があってから考えたほうがよいと思う」と伝えた。

　兄に連絡をとり、医師から病状説明を受け、その後に面会程度の協力を得ることとなった。

◆ 中期；外来治療

　外来受診時に来室し、兄が訪ねてきてくれたとの報告があった。また、週1回の家事援助（掃除・有償ボランティア）、リサイクル

洗濯機の利用など、社会福祉協議会を通じて紹介した。退院２か月後より生活保護を受給することとなり、Ｂさんの病状も安定し、自由に歩き回れるようになった。外来時は相談室を訪れ、「昔使っていた包丁など、自分の持ち物で譲れるものは友人に譲ったり、リサイクルなどに出したりして処分するつもり」と話していた。こうした生活の整理に関する話は何度か聞かれたが、「いつやろう」とか「誰に何を譲ろう」とかいった具体的な話にはならなかった。死期とかかわる微妙な問題なので、Ｂさんからはっきりした依頼があるまでは話を聞くに留めた。また時折特に要件のない電話があった。そして、話のなかで「元気なうちに温泉にでも行きたいが、一緒に行ってもらうことはできないか」と尋ねられた。ソーシャルワーカーはＢさんの孤独感は理解できたが、返答に戸惑い「残念ですが、ソーシャルワーカーは旅行はできないのです。温泉通の友人がいるのでよかったところを聞いてみますが……お友達で一緒に行ける人がいるといいんですけど？」と応えたが、Ｂさんは「いつでもいいよ……。ちょっと行ってみたいと思っただけだから」と言った。

　８月末になると病状が悪化し、医師からそろそろ再入院が必要であることが告げられた。「今度入院すると退院は無理かもしれないと言われた」とのことだった。Ｂさんの病状はその後急速に悪化し、アパートの家賃の支払いが頼めないまま入院となり、支払いが宙に浮いてしまった。

◆ 後期；再入院

　入院後、Ｂさんは、未納になっている家賃の支払いや荷物の処分が気がかりで、「３か月ほどしたら無理でも一度退院したい」と語った。またＢさんと公共料金等の支払いを手伝ってくれている女性の友人との関係には、面倒をみる、みられるといった相互扶助的なつながりがあるらしかった。

　翌月になるとＢさんの衰弱は激しくなり、続けて話をすることが

困難になってきた。Bさんから呼び出しがあり、「ちょっと側にいてくれないか……」と言ったままで何も話さずに時間が過ぎていくこともあった。話のつじつまが合わなくなり、大事にしていた手帳の置き場所もわからなくなってしまった。その手帳がないと、友人への連絡ができない。

　また、親族への連絡をどうするか迷ったが、兄は「何が出てくるかわからない」と金銭的な負担を恐れ、本人の死後に行政から連絡が来るまでは沈黙することを希望した。Bさんは夜間せん妄の症状や院内をさまようことがあった。意識がはっきりしている時はイライラして看護師にあたったり、水をかけたりすることもあった。「ずっと誰かに側にいてもらうにはいくらかかるのか」等の言葉も聞かれた。身体的苦痛によって不安や苛立ちが強まり、Bさんの言葉からは自分の苦しみを理解しない周囲に対する怒りが感じられた。Bさんは家賃と手帳を気にしていたが、外出できるような状況ではなかった。困ったあげくソーシャルワーカーが「先生が外出は無理だって。友人に連絡を取ろうにも手帳が見つからないと、私もどうしたらいいかわからない」と言うと、Bさんは黙って手を引いてもらいたいような素振りをみせた。「何をするんですか？」と尋ねると、Bさんは「わからないんだったら、もうあっちへ行ってくれ」とうめくように言った。このようなことは、ソーシャルワーカーに向かっては初めてだった。Bさんの言葉にはっとすると同時に、「何が出てくるかわからない」という兄の不安よりも今Bさんが感じている不安の方が何倍も大きいと思った。

　友人の連絡先がようやくわかり、友人に電話したところ、その日のうちに夫婦で来院してくれた。Bさんは友人夫婦の顔を見て「……ああ」とだけ言った。友人が「アパートのこととか全部連絡できるから心配いらない。またちょくちょく来るよ」と言うと、「……明日は、もう病院にはいないから……」と呟いた。友人の話では3か月分ほど家賃の滞納があったが、そのほかの借金はないらしいとのことであった。

翌朝ソーシャルワーカーが出勤するとすぐに電話が鳴り、病棟師長から「10分程前にＢさんが亡くなった。兄にも連絡したが間に合わなかった」との連絡があった。友人に電話してＢさんの死を告げると「自分たちの言葉はＢさんに伝わっていただろうか……」と語った。兄に友人夫婦の連絡先を伝えたところ「いろいろとお世話になった。後のことは責任をもってやります」とのことだった。

スーパービジョンの実際

メンバー：事例がよくまとまっています。このように初、中、後期と、経過を３つに分けているのは、考察が深まりますよね。

メンバー：事例のまとめ方で事実関係、行動、解釈、推論という手法もあると思う。

メンバー：では事例をみていきましょう。最初の段階から、よくＢさんのことが観察できていたよね。

提出者　：ええ？

メンバー：最初医師がＢさんを連れてきた時も、医師とＢさんの状況を一目で把握して、Ｂさんとの面談に切り替えたし、状況がよくつかめていました。

提出者　：そうでした。

メンバー：看護師から「Ｂさんの怒りに対処するためにも、ホスピスに」と言われた時も、Ｂさんの気持ちを紐解いて説明していましたよね。

提出者　：Ｂさんはとても感情を抑えていましたから。「怒り」という方法でも、Ｂさんが自分を表現できるということが大事だと思ったのです。また、Ｂさんは人間関係を作るのに時間がかかる方ですし。最期に「ホスピス」に移って、また新しい人間関係を結んで、穏やかに死を迎えるのは難しいと……。

メンバー：その判断ができているのが、提出者の力ですよね。

バイザー　：生活歴からみるとＢさんは人間関係上のコミュニケーション
　　　　　　に特徴がありますよね。トラブルがあると切れて、壊れると
　　　　　　修復できない。反面、特定の人とは関係を築ける方なのです
　　　　　　ね。

提出者　　：そうですね。特定の人との関係づくり……。特に女性とはそ
　　　　　　うかもしれません。学生時代に付き合っていた女性を友人に
　　　　　　譲ってしまったと、何回もお話されていました。そんなこと
　　　　　　がＢさんの人間関係に影響していたのかもしれません。

メンバー　：こんなによくＢさんに寄り添っていたのに、何が心にひっか
　　　　　　かっているのでしょう？

提出者　　：「温泉に行こう」と言われた時に、対応に戸惑ってしまいま
　　　　　　した。私の心が固く閉じてしまったのです。

メンバー　：そのときの気持ちをもう少し詳しく話してもらえますか？

提出者　　：今でもわからない。面接というか……Ｂさんとの関係……？
　　　　　　死への自然な流れ？　何か流れを止める印象があったので
　　　　　　す。感覚的にひっかかるものがあったのです。

メンバー　：ひっかかるというと……？

提出者　　：提出する事例を考えた時、まずこのケースを思い浮かべました
　　　　　　た。自分で思い出しながら、整理していくうちにこの瞬間に
　　　　　　思いあたりました。「温泉に行きたい」と言われた時。この
　　　　　　時はとてもワーカーが緊張しました。また「適切な距離がと
　　　　　　れないのは私が未熟だからだろうか……」というような気持
　　　　　　ちがありました。

メンバー　：（うなずく）

提出者　　：自分がＢさんと心理的に近くなりすぎて、ワーカー・クライ
　　　　　　エント関係が保てずにＢさんが近づいてきてしまったのでは
　　　　　　ないかという思いがありました。また、「そんなふうに言わ
　　　　　　ないでほしい」とも思っていました。

メンバー　：そんなふうに言わないで？

提出者　　：だって私はワーカーだから……。

2　ターミナル期のがん患者へのかかわり
　〜ソーシャルワーカーとしての私と個人としての私

メンバー　：ワーカーだから……？

提出者　　：……。もっと自然に対することができていたなら。自分はそう思っているＢさんを受け止めることができなかった。Ｂさんを受け止められたら、もっと私らしい自然な返し方があったように思うのです。

メンバー　：私らしい、私として……。ワーカーだから、ワーカーとしてですか。

メンバー　：もう一つ、「死への自然な流れ」ってどういうことかな。

提出者　　：そうですね。Ｂさんの孤独感とか、死への恐れとか、それは、強く感じていました。それをもっと話してもらえていたら、Ｂさんが死に向かう流れができたのかもしれません。準備というか。

メンバー　：Ｂさんに、いつ？

提出者　　：それがあの瞬間です。温泉の。本当だったら、あの「温泉に行こう」って言われた時に深く聞くべきだったんですよね。本当だったら……。「温泉に行こう」という言葉の真意を汲み取って、それを話してもらうことが。いつもだったら、できていたかもしれません。でも、できなかった。私の心が固く閉じてしまいました。「温泉に行こう」と言われて、Ｂさんがソーシャルワーカーとしての私ではなく、私自身に強く問いかけてきた気がして。

メンバー　：ワーカーではなく、あなたにね……。

メンバー　：実は、私にもそういう経験があります。その時は、なんだか人として試されている気がして。返答に詰まってしまったし、つらかった。
　　　　　　（メンバーの多くがうなずく）

提出者　　：人として……試されている。確かにそう感じました。だから、それもあってワーカーとして答えてよかったのかと、ずっと迷っているのかもしれません。

メンバー　：そうか、そうだよね。でも、あなた自身に聞かれたとして

も、あなたはＢさんと温泉に行けたのかな？　Ｂさん、患者さんで男性だし。

メンバー：あなたは若い女性だし。それってワーカーじゃなくたって、難しいよね。

メンバー：Ｂさんはちょっと言ってみただけってこともあるかもしれない。それこそ、試していたのかもしれないけど。

提出者：「自分自身」として考えてみれば……どうだろう。確かにワーカーとしてではなく、私自身でもＢさんと温泉に行くという答えはでなかったと思います。

メンバー：つい最近、肺がんの患者さんがターミナルと言われ治療を拒否したんです。外来で軽い化学療法をやりながら過ごしてるんですが、病院に来たときは必ず相談室に立ち寄り「自分の取った選択はよかった」と、いつも話しています。しかし、もう一人のワーカーは「病院として同意できない」と言ってましたが。
　土曜日に私しかいないとき、自分がこの方に「私もそう思う」と言ったら、とてもスッキリした表情をしていました。私はそのメッセージを迷いながら思い切ってだしたのです。
　私は以前、難病の子を持つ親を支援する仕事をしていましたが、今回本人を支援する立場に変わり、立場や考えの違いをひしひしと感じています。

バイザー：ワーカーも一人の人です。ワーカーとしての自分と自分自身が混在するのです。こういうときは、一番クライエントに揺らされますね。クライエントは何を思い、何をワーカーに求めたのか？

提出者：……揺さぶられました。

バイザー：ワーカーとクライエントの関係のなかで、男性と女性としてとらえるのはむしろ自然なことかもしれません。このクライエントの方が、健康で豊かな表現をワーカーにしたのではないでしょうか？　流れるままに、自然な感情をワーカーに抱

き、向けているのはよかったのではないでしょうか。

そして、「ソーシャルワーカーとして～～できない」という言葉はよかったと思いますよ。できるなら、「温泉には行けないけど、ソーシャルワーカーのフレームワークのなかで、最期を伴走したい」と伝えればもっとよかったのでは？　そう言ったら、Bさんは戸惑ったかもしれませんが。

でも、Bさんにとって職業としてソーシャルワーカーが誠実にかかわってくれることを学習するのは必要だったのではないかと思います。Bさんの関係の作り方からみると、Bさんは女性のワーカーである提出者に出会い、自分の死の間際で自分の生活を支えてくれる人として認知したのかもしれないですね。

ソーシャルワーカーである前に一人の人間……と揺さぶられたときに、ワーカーが自分のバリアーを破られたとあわててしまうことがありますね。そういう感情に揺さぶられるのは、ワーカーも生身の人間だからよくあることです。

逆に、クライエントから敵意を向けられ、それにワーカーが巻き込まれてしまうこともありますよね。そのときも、自分自身とワーカーとしての自分との間で揺れるのです。

Bさんは提出者に出会って幸せ。エンパワーメントをしてもらったから、こういうかかわりができた。楽しかったことを他者にこういう形で語れるのはとてもよいことです。人には、人生の輝いた時期、楽しかった時期を自分で語り始める時期がありますよね。

「わからないんだったらあっちに行って」という最後の言葉は提出者に対する甘えの言葉かもしれないですね。もう一歩伴走をしてほしいという願いがこめられていたのかもしれません。

スーパーバイザーからのコメント

　クライエントが「一緒に温泉に行ってほしい」と言ったときの
ソーシャルワーカーの「ひっかかり」について語られた事例であっ
た。クライエント自身がうまく人間関係を作れなかったとき、ワー
カーにそれを向けることもある。このときソーシャルワーカーは、
自分の力量や立ち位置を試されている。この事例では受け止めずに
流すこともできたが、ここに気づけたことは大切である。ワーカー
とクライエントとの関係ができていたのではないか。

　人は一人で生きてきて、一人で死んでいく。終末期のソーシャル
ワーカーの役割としては、死に直面するクライエントの心の動きに
寄り添い、可能な限り最期の時をできるだけ豊かなものにすること
を目標に支援し、本人が望むならばスピリチュアルケアにつなげて
いくといったことが求められる。この事例では、スピリチュアルケ
アへの展開までできたかもしれない。

　ホリスはクライエントへの支持を特に示すために、普段使わない
高度な技法ではあるが、持続的支持の技法のひとつとして、"Gift
of Love"（愛情の贈り物）が必要なことがあるといっている[注]。

提出者の振り返り

　スーパービジョンが終わったときに、涙がとまらなかった。自分
の実践を認めてもらい、そして真剣に討議をしてもらえたことで、
心がほどけていったように思う。

　スーパーバイザーとメンバーの方々に「気持ちを聴いていただい
た」ということが、非常にありがたかった。受け入れてもらえたと

注：フローレンス・ホリス著、本出祐之、黒川昭登、森野郁子訳『ケースワーク―心
　　理社会療法』岩崎学術出版社、1970年、107ページ

2 ｜ ターミナル期のがん患者へのかかわり
　　～ソーシャルワーカーとしての私と個人としての私

いう、安堵のあたたかな気持ちが残った。

　また、「ひっかかり」という感覚で、心のなかにわだかまっていたモヤモヤしたものの輪郭を、本当に自然に描き出してもらった。私の「ひっかかり」が紐解かれていったと思う。「私」とソーシャルワーカーは切り離せない。揺れてもよいと言われたときに、改めて他者との関係の作り方の難しさに気づいたように思う。

当時を振り返ってみれば

　ソーシャルワーカーとしての経験は積んでいたが、転職し、初めての土地で一人職場のソーシャルワーカーとして働き始めた2年目の終わりに提出した事例であった。当時は心底戸惑いながら働いていた。相談できる場所もほとんどなく、必死に頑張っていたように思う。だからこそ、スーパービジョンの場で涙してしまった。

　他者の思いを自然に受け止めることの難しさはその後に何度も痛感したが、自分の葛藤を覗き込むたび、ふとこの事例に対峙した感覚に触れるように感じてきた。

　このときのスーパービジョンに援(たす)けられて、その後も他者に寄り添うことの意味についても考え続けてこられたように思う。実践を振り返ること、そこに生じた自身の感情を再体験することから得る"力"を、本当に大切な時期に教えていただいた。そして、自分を援け、受け入れてくれる仲間がいることの心強さも学んだと思う。

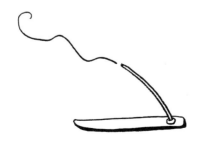

3 「了解のよくない」家族への支援

～寄り添うことが難しいクライエント

提出者のプロフィール

● 公立病院ソーシャルワーカー　● 女性（経験6年）
● 院内のソーシャルワーカーは4名配置

事例提出理由

　ソーシャルワーカーが提案する支援計画にのっとって行動しない家族に対するソーシャルワーカーの思いを、とかく院内では「了解のよくない」家族と言ってしまっている。本事例は、無事に退院できたが、何かすっきりしなかった。これでよかったのだろうか。「了解のよくない」という一言で片づけてしまっていないか。心にひっかかりを残してしまった事例である。クライエントの意向を十分くみ取れなかったのではないかという思いが残った。

援助経過

1 援助開始時の状況

80歳男性。脳梗塞により、左麻痺。妻（60代後半）と二人暮らし。リハビリ目的で入院した。

妻は、在宅介護の意志が強い。

2 事例の経過

◆ 依頼　病棟主治医よりソーシャルワーカーへ依頼あり

脳梗塞を3回おこしており、左麻痺と嚥下困難が残った。

妻しか介護する人がおらず、妻も高齢。転院を勧めたが、妻は拒否。自宅に引き取ると言ったが、何も準備ができていないし、妻はできそうもない。退院支援を行ってほしいとの依頼。

◆ 初回面接

自己紹介をし、妻の希望を聞くと自宅に引き取るという。しかし左麻痺がありほぼ寝たきり、経口摂取ができない夫を介護する生活がイメージできていない。また面接の途中で世間話になってしまい、いくら話の内容を変えようとしてもすぐに世間話に戻ってしまう。

◆ 支援プラン

妻に障害を理解してもらい、介護指導を受けてもらう。また介護保険等の申請及び自宅での受け入れ準備を行ってもらう。その後試験外泊を行ってもらい、自宅退院を目指す。

自宅での生活が難しいようであれば、転院及び施設入所への支援に切り替える。

◆ 障害への理解

　本人がリハビリを受けている様子を妻とともに見学。妻は本人が頑張ってリハビリをやっている姿に対して「お父さんかわいそう、そんなことさせないで。私が代わりにやるからいいのよ」と言ってリハビリを妨げてしまう。ソーシャルワーカーとしては、妻が本人の障害程度を理解できたとは思えなかったが、リハビリの妨げとなってしまうため、これ以上見学はできなかった。

◆ 介護指導

　妻は、看護師による介護指導を受けることになった。体位変換をはじめ、起き上がりや胃瘻の注入と処置など一つひとつ指導を受けるたびに「こんなに大変なの……」とこぼすものの、手技はできるようになった。

　しかし妻は、経口摂取が不可であることは理解せず、食べ物を持ち込み食べさせてしまうなど、看護師の指導に従わない。また、「あの看護師は意地悪」と言ってほかの看護師に泣きつくなどの行為が見られた。

◆ 介護保険サービスの利用を提案

　看護師・PT・OTとも妻の介護力評価を行った結果、妻一人では介護することは無理だろうとの判断になり、2回目の面接を実施。ヘルパーだけでなく、入浴サービスや介護用ベッド、ポータブルトイレなど利用できるサービスは多岐にわたることを説明したが、一切拒否される。妻からは「大丈夫」という言葉しか返ってこない。ソーシャルワーカーとしては、今までの経過から妻は理解力がないのではないかとも思われたため、長男（45歳）の来院をうながし妻とともに一緒に面接をすることを提案。長男は忙しいが、病状説明など医師との面接には来院している。しかし、長男同席の面接は妻に強く拒否されてしまった。

◆ 支援プランの再検討

2回目の面接を受け、このままでは退院できなくなるのではないか。妻は、本当は退院することに対して不安があるのではないかと判断。

◆ 面接の実施

妻の気持ちを理解するために、何度も面接を実施。しかし、何の展開もなく初回同様世間話や看護師への愚痴などを話したがる状況が続いた。

◆ 院内カンファレンス

介護保険を申請せず、自宅に引き取ると言い続けており、退院支援は進まなかった。嚥下障害があることへの理解も進んでおらず、このまま自宅へ戻らず転院がいいのではないかという意見がでた。院内スタッフすべてが手詰まりという感じになってしまった。

長男をキーパーソンにして、妻を外すという意見も出たが、実際介護するのは妻であるから妻の意見は尊重すべきだという結論になった。

そこでいったん退院日を設定し、医師から妻に伝えてもらうことになった。また設定された退院日より前に自宅訪問や試験外泊も実施することになった。試験外泊で大変さを理解してもらい、そのうえで自宅退院を希望されるなら改めて支援を行い、自宅が困難という話になるなら転院を勧めるという方向になった。

◆ 家庭訪問

試験外泊を行うにあたり、ソーシャルワーカーとしては自宅準備ができていないのではないかと思い、自宅訪問を実施。妻からは、ベッドを配置する場所など口頭で説明があるものの、家屋整理なども行われておらず、とても試験外泊ができる状態とは思えなかっ

た。

◆ 突然の退院申し出

　妻から、試験外泊ができるなら退院させますとの申し入れがあり、医師が申し入れた退院日に退院するという。全く準備ができていないと思っていたソーシャルワーカーとしては、妻と面接を実施したが、面接内容は相変わらず世間話になるありさまだった。
　すると、Ｃケアマネジャーから連絡があり、Ｄ市市議会議員から「○日に退院する人がいるので退院後の相談に乗ってほしい」と言われたので連絡をしたと話された。ソーシャルワーカーとしてはADL等の現状を伝え、急ぎ退院前カンファレンスを企画した。

◆ 退院前カンファレンス

　妻とＣケアマネジャー、そして院内関係者全員とのカンファレンスを実施。妻は始終ニコニコしており、退院が決まったと言って喜んでいる。医師や看護師、リハビリスタッフからの本人の状況説明があるたびに「ほら、こんなに大変なのよ」と言ってＣケアマネジャーに友達のような口調で語りかけている。ケアマネジャーが入ることで支援体制は整えられるにしても、胃瘻の管理については妻が行うしかないことを議題にしたが、妻が「できます。大丈夫」と話し、ケアマネジャーが事前に今までの経過を伝えていたにもかかわらず大きな問題ととらえられず、そのままになってしまった。結果、カンファレンス開催後１週間目で退院することが確定した。

◆ 退院

　妻は夫の車いすを押しながら「お世話になりました」と言って笑顔で退院していった。

◆ その後の経過

　Ｃケアマネジャーからは妻はかいがいしく介護を行っており、特

に大きな問題は起きていないとの情報提供があった。

スーパービジョンの実際

メンバー：妻は病院に来て指導を受け、手技もできるようになったということですか？

提出者　：看護師による介護指導については、妻は指導内容をすぐに理解できたようで、手技もすぐできるようになったと聞いています。

メンバー：「了解がよくない」という言葉で表現されている妻ですが、本当は力がある人ではありませんか？

提出者　：介護指導では、その内容や必要性も理解できて、手技そのものもすぐにできるようになりました。なのにソーシャルワーカーが提案する介護保険の申請などについては全く理解を示してくれず、申請にもなかなか行かなかったんです。自分としては「了解がよくない」家族だと思えました。

メンバー：そして、議員というもともと自分の持っている「つて」を使うことができている。妻は問題解決への力がある人なのではないかと思えますよ。

提出者　：議員が出てきたことで、ますます妻のことがわからなくなったんだと思います。

メンバー：それはどういうことですか？

提出者　：ソーシャルワーカーの言うことは聞いてくれないのに、議員の話は理解するのか？　という気持ちが芽生えてしまい、自分自身に気持ちがついていっていない感じなんです。皆さんが指摘してくださっているような「力がある妻」とはどうしても思えなかったです。

メンバー：退院に向けた支援の内容によって妻の必要度が異なるから、介護指導には理解を示したけれどソーシャルワーカーの支援

には理解を示さなかったということだとも考えられますよね。それとも支援する人によって使い分けたのかもしれませんね。

提出者 ：自分では、妻は時には理解が良かったり時には悪かったり、ころころ変わる人だと思っていたんです。本当によくわからない人だと思っていました。

そして医師からの病状説明はすでに終わっており、看護師の介護指導も終わってしまった。残るは支援体制を構築することだけだと、ソーシャルワーカー自身が思ってしまい、焦ってしまったのかもしれない。

妻に何とかして要介護認定の申請に行ってもらいたいという気持ちばかりが先走っていたのかもしれない。

ますます、妻のことをどう理解していいのかわからなくなってしまったのだと思います。

そして妻からは、ソーシャルワーカー自身のことを拒否されたように思っていたのかもしれません。

メンバー ：妻は決してソーシャルワーカーのことを拒否はしていないと思いますよ。話もしているし、面接もしていたんでしょう？

提出者 ：面接の約束には遅れることなく、きちんと来て笑顔で話をしてくださっていました。でも要介護認定の申請には行ってくれませんでした。

メンバー ：妻のコミュニケーションの取り方が「あしらい型」の人なのかしら？　妻自身のコミュニケーションはワンパターンで、煙幕を張ってしまったのかもしれない。妻が今までおくってきた生活についてもっと理解してもよかったのではないですか？　面接で質問してみるとか？

メンバー ：妻なりのマネジメントもできていると思います。ソーシャルワーカーが支援しているときに違和感を感じたのなら、ソーシャルワーカーのかかわりについて、妻にどう思っているのかを聞いてよかったのではないでしょうか？

提出者　　：自分としては、一生懸命在宅に向けての退院支援プランを提
　　　　　示していたのに、妻が動いてくれずこのままでは退院できな
　　　　　くなってしまう、退院支援がうまくいかないという気持ちで
　　　　　いっぱいになってしまっていたんだと思います。妻の生活を
　　　　　考えてみたことは全くなかったです。とにかくどうして妻は
　　　　　要介護認定の申請に行ってくれないのだろうという思いばか
　　　　　りだったんです。
メンバー：専門職として、空虚感を感じていたのではないでしょうか。
　　　　　特に議員が出てきたときの気持ちはそうなのではないです
　　　　　か。議員のことをインフォーマルな資源ととらえることがで
　　　　　きるとよかったんですが。
メンバー：ソーシャルワーカーが退院支援を行っているのに、妻は従わ
　　　　　ないというあなたの理解自体、「指導に従う人」がいい人と
　　　　　いう、病院にとっての認識にとらわれていると思えますね。
提出者　　：妻はソーシャルワーカーの提案する支援方針に従わない人だ
　　　　　という思い。その妻がキーパーソンでは退院支援が難航して
　　　　　しまうということばかりに自分自身の気持ちが傾いていたん
　　　　　だと思います。議員が出てくるまでは、指導も終わったのに
　　　　　何も進んでいない。妻をキーパーソンにしたままでは退院が
　　　　　できない。家族のなかで妻以外にキーパーソンになってくれ
　　　　　る人はいないのか、とも考え始めていたところだったのです
　　　　　から。
　　　　　キーパーソンを変えようと思ってしまっている時点で、本当
　　　　　のところで患者家族に寄り添えていなかったということが今
　　　　　理解できました。その時の私は、病院の意向や院内での自分
　　　　　の評価に気を取られていたのだと思います。
メンバー：クライエントの抱えている現実と、ソーシャルワーカーを含
　　　　　めた援助者側の抱えている現実には差がありますよ。ソー
　　　　　シャルワーカーは「暮らす」ということに対して支援をして
　　　　　いるのだから。

メンバー：だから「結果オーライ」でもいいのではないかと思います。

スーパーバイザーからのコメント

　病院でソーシャルワーカーは退院をスムーズに進めることを期待され、退院時の支援は重要な役割となっている。本ケースの妻はどのような特性を備えている人かを議論してみてはどうか。

　地域の有力者の妻として、いつも周囲に配慮しながら自分なりの価値判断で差配することに慣れ、「夫のことは任せて」という風に進めてきたライフスタイルの持ち主かもしれない。そんな彼女なりのマネジメントができている妻に、より適切な情報をタイムリーに提供することがソーシャルワーカーの役割の一つと考え、今後も長い付き合いとなる可能性があるからこそ、焦らず時間をかけて信頼関係を築くことが、まず最初の仕事ではないだろうか。妻も高齢なので、いつでも相談できる関係づくりを大切にして、時間をかけるようにすることが求められる。

提出者の振り返り

メンバーが「妻のことを力がある人」と指摘してくれたことで、自分自身が妻のことを理解しようとしていなかったこと、自分が支援計画を提案し、それにのっとった退院支援を実行することばかりに気が向いていたことに気づいた。そして「患者・家族のことを理解したいと思っていても、家族とコミュニケーションが取れずうまくいかない。このままでは退院支援がうまくいかない」という気持ちが、患者・家族に寄り添うことや暮らしを支援することにつながっていなかったことにも気づくことができた。そして退院支援が進まないときに家族がとっている行動について直接質問するということが、相互理解を深めるうえで大切な方法であると具体的に示してもらえ、本当に事例を提出してよかったと思った。

スーパーバイザーからは、「人と環境との相互作用」が人をつくっているという指摘をいただき、その人の哲学で生きているということを改めて理解することができた。今後ソーシャルワーカーとして、人とかかわるうえで最も基本的な態度について事例を通して理解することができた。

当時を振り返ってみれば

グループスーパービジョンに事例を出すことは正直なところ怖かった。メンバーから批判されるのではないか。もっと〇〇ができたのではないかなど、指導的なコメントが投げかけられるのではないかと思い、避けてきたところがあった。しかし、とうとう自分の順番が回ってきた。怖くて出せない。でも出さなくては、という思いで提出したのがこの事例であった。退院支援という目標はとりあえず達成できていたし、「了解のよくない家族」なんだから私の支

援が問題なのではないという思いがどこかにあったのだと思う。だから事例提出する決心がついたのだ。

　実際提出するにあたり、事例をまとめてみた。するとこの事例でのかかわりには自分のなかに「ひっかかり」があることに気づき、その「ひっかかり」がなんなのか、それを明らかにするために事例をまとめていたことに気づいた。

　そして、提出してみてわかったことは「退院支援が難航する。退院に時間がかかる」。このことがソーシャルワーカーの評価を下げてしまうという意識にとらわれていたことに、改めて気づかされた。病院の意向に沿うことが「よいソーシャルワーカー」だと思っている自分に対し、目の前に登場した患者・家族の気持ちを理解しようとするソーシャルワーカーの役割を忘れてしまっていた。

　医療機関で働くソーシャルワーカーとしては、常に忘れてはいけない事例になったと思っている。

4 重症心身障害児の養育問題をかかえる母親への援助
〜怒りや攻撃的な感情表出の理解

提出者のプロフィール

- 一般総合病院メディカルソーシャルワーカー
- 女性（経験16年）

事例提出理由

　面接に対して拒否的な感情をもつクライエントとの関係に行き詰まり、ワーカー・クライエント関係構築へのアプローチの仕方と、養育問題の背景にある夫婦間、家族関係の問題状況をどのように考えたらよいかを整理するために提出した。

　提出時には焦りとジレンマをかかえ、藁をもつかむ思いであった。クライエントの言葉の一つひとつが胸に突き刺さり、ソーシャルワーカーの動揺を見透かすようでもあり、反応を試されているようにも感じた。新人だったわけでもないのに「あなたに何がわかるの！」「経験した人にしかわからない！」と言われてひるむ自分がいた。

援助経過

1 依頼経路

　本事例は、先天性の重い心疾患、口蓋裂等の重複障害を持ち、長期にわたって医療処置を必要とする患児を養育するクライエントの事例であり、困難が予測できた。そこで、クライエントの妊娠中毒症の後遺症である高血圧という身体的状況も考慮して、育児負担の軽減を目的に主治医から相談を受けた。

2 家族背景および生活状況

　クライエントは元栄養士。35歳で自営業の夫と見合い結婚、患児は第二子として誕生。クライエントの母親が病気療養中のため、クライエントは結婚後も実家の家事援助、介護のため子どもを連れて通い、実家で過ごす時間が長くなっていた。

3 援助経過

◆ 第一段階：出生後〜退院まで（約1か月半）

(1)　面接概要

　　クライエントは入院時に、医師よりメディカルソーシャルワーカーを紹介されたが、本当は会わずに退院しようと思っていた。思い直して面接に臨むが正直気が進まなかった。

　　子どもの障害がわかった時「持った人にしかわからない！」と思ったし、「そう答えることが精いっぱい」だったという。面接の終わりには、「何か助言してもらえるのかと思ったら『ウン、ウン』と聞いているだけで、会いには来たが得るものはなかった」と不満そうに語った。

(2)　アセスメント

「心進まざるクライエント」といえる。相談依頼の主訴に対応することができず、このことがクライエントに対する苦手意識を助長した。

◆ 第二段階：再入院（翌年３月～５月）

(1) クライエントとの面接概要
① 患児退院後の生活状況

患児の哺乳力が弱いため１回の授乳に１時間かかり、夜中も３時間ごとの授乳。夜泣きも重なりクライエントは寝不足のため疲労困憊。患児の障害のために実家にも他人にも預けることができないなど、クライエントにとっては悲観的な状況だった。クライエントは体調を崩し、再び母子ともに再入院となった。

② 患児の障害について
・ 体重が６キロになれば手術が予定されていて、授乳には神経をつかった。体重が増えなければ手術が延期してしまうという焦燥感。
・ 言葉の治療、歯の矯正、顎の形成等々、骨格の成長する段階に応じて治療が延々と続くと思うと気持ちが重くなる。さらに心疾患の治療も今後どうなっていくのか不安をいだく。

③ 患児に対する思い
・ 手術ができるまで入院させておいてほしい。
・ 患児を連れて外出することには抵抗があり、他人に見られたくない。
・ 愛情がもてない。物のようにしか扱えない。もらってくれる人がいないか。養子を斡旋してくれる機関を紹介してほしい。情が移らないうちに可愛がってくれる人に育てられたほうが幸せだと思う。

④ アセスメント
・ 実際の生活の中で養育上の問題が具体化し、また長期にわたって続く治療過程に不安の気持ちが増大する。

- 育児放棄したい気持ちと、それを思い留まる気持ちの間で逡巡する心の揺れを感じる。
- 患児の障害のため生活面に支障をきたしていることへの苛立ちが、障害を受け入れることを阻害している一要因とも考えられる。

(2) 夫との面接概要

① 夫婦関係について

　妻の性格は几帳面、自己主張が強い。家事や子どもの育児についてはよくやってくれていると評価している。

　結婚当初より生活習慣、生活環境の違いにより夫婦間のトラブルは絶えなかったが夫が合わせてきた。そのほかにも嫁・姑問題などがある。いまだに妻が何を考えているかわからないと思うことがある。

② 患児についての思い

　無条件に可愛いと思う。妻の患児に対する思いには驚きを隠せない。妻の負担軽減のため夜間の授乳は夫が分担してきた。

③ 今後の不安

　問題の根本は夫婦間の問題。ある時は離婚を迫られ、ある時は自殺すると脅される。家庭を壊すことは簡単だが、普通の家庭に戻したいと願っている。

④ アセスメント

- 物静かな口調、穏やかな人柄。
- 長子と分け隔てなく、患児に愛情を注ぎ、育児には協力を惜しまないタイプの父親。
- 夫婦の関係に心を悩ませており、相談依頼の主訴の相違点が明らかである。

スーパービジョンの実際

提出者　：相談依頼の主訴は養育問題における育児の負担軽減が課題で
　　　　　すが、背景に潜む夫婦間、家族間の問題をどのように考えた
　　　　　らよいか悩んでいます。

メンバー：家族間の調整が必要なケースであるとは思いますが、養育機
　　　　　能の強化に焦点をあてた方がよいのでは……。そのことが夫
　　　　　婦にとって直近の課題だと思いますよ。

メンバー：離婚などの夫婦間の問題はとりあえず後方に置いた方がよい
　　　　　と思いますね。

メンバー：養育問題が離婚の引き金なのか、最初からごちゃごちゃして
　　　　　いるところに養育問題が浮上したのか。

提出者　：両方考えられると思いますが、今のステージは2人とも沈没
　　　　　しかかっていて、夫はどう妻と協同してよいかわからない状
　　　　　態のようにみえます。また妻の方がクライシスが高く、夫は
　　　　　妻に引きずりこまれている感じですね。

メンバー：夫婦の問題に介入していくことは難しそうですね。

提出者　：夫婦間など家族の問題はさておき、養育問題について考える
　　　　　場合、直接クライエントとかかわるには、正直なところ勇気
　　　　　がいるのです。

メンバー：現時点で相談への動機づけがあるのは夫。夫と考えてよいで
　　　　　しょう。

メンバー：クライエントに患児の問題を含めて一緒に考えてみようとか
　　　　　かわってみたらどうかという意見もあり、どちらをキーパー
　　　　　ソンにするかについてはメンバーのなかでも意見が分かれま
　　　　　すが、どちらかというと動機づけのある夫という方が多いで
　　　　　すね。

メンバー：夫をクライエントとする場合、夫には第一子の養育経験があ
　　　　　りますが、第一子で期待された父親としての役割とは少し違

う役割であることに気づいて、夫婦が子育てを協同化していけると、妻の負担が軽減するかもしれません。妻にとって必要なのは励まし支える人で、それが夫になるような支援をするといいのではないかと思います。

提出者　：なるほど。クライエントに患児の養育問題を一緒に考えていこうと働きかける場合はどのように考えていけばよいでしょうか。

メンバー：クライエントは、まだ第三者に患児の養育問題について相談できるほどの状態にないように思います。まず夫に支持的にかかわることによって夫が現実を認識しながら役割期待を遂行できるように支援していく方がよいのではないでしょうか。

予期しなかった養育問題にこれから向き合うにあたって、夫には動機付けがあるけれど、どうしてよいかわからない状態みたいですし、夫を支えることによって妻へのかかわりが変わるように支援してみてはどうでしょうか。夫の父親としての役割を家庭のなかで確立できるように支援しながら、それを通して母親役割であるクライエントとの関係調整にもっていくというやり方を考えてみてはどうですか。

提出者　：今はまだ養育問題についてクライエントに直接かかわる時期ではないのではないかと指摘され、なぜかホッとしました。まだ私自身がクライエントに正面から向き合うことへ抵抗があるのでしょうね。

メンバー：妻の混乱を夫がサポートすることによって、どのような形で妻に貢献できるか。ソーシャルワーカーの夫への働きかけが間接的にクライエントに変化をもたらすことに期待した方がよさそうですね。

メンバー：夫にイネーブラーとしての役割を期待するということですね。

提出者　：私としては、夫には相談したいという気持ちがあるので直接

クライエントと向き合うより気持ちが楽です。

バイザー：本事例は背景に夫婦間の問題、双方の実家との人間関係など
が潜在しているので家族間の調整も必要な事例ですね。
家族療法の観点からみると、一人ひとりを個別化した事例を
再検討したうえで、もう一つの家族全体のダイナミックスを
見ていく方が家族全体をよく見ることができます。一方でコ
ミュニケーション論からみると、この家族はコミュニケー
ションのとり方に特徴があり、相互関係の展開にも特色があ
ります。つまり相互関係の展開の仕方に独特のものがあり、
傷つけあってしまうのです。本音と建て前を一緒にしたよう
なクライエントによって周囲が傷つき混乱しています。特に
夫とソーシャルワーカーへのかかわり方に特徴がみられま
す。

提出者　：一方的に責められているように感じていたのですが、クライ
エントの「特徴的なコミュニケーション表現」とも考えられ
るのですね。

メンバー：責められたり、攻撃されているように感じる、そういうこと
はいろいろな場面で私たちもよく経験します。

メンバー：責められていると思うとソーシャルワーカー自身もつらい
し、何か否定されたような気持ちさえしてしまいます。

メンバー：ご主人も同じような経験をしているかもしれませんね。

提出者　：メンバーからの共感や同調に心が穏やかになったような気が
します。

メンバー：大方の意見としては、夫をキーパーソンとして養育問題にか
かわるというものであり、その流れで議論が進められてきま
したが、一方でソーシャルワーカーのクライエントへのかか
わりはどのように考えていけばよいでしょうか。クライエン
トとソーシャルワーカーの関係形成についてはいかがです
か。

提出者　：そもそもワーカー・クライエント関係を築けないところに挫

第2章　苦しみやつまずきを乗り越えるグループスーパービジョンの実際

57

折感を味わい、事例提出に至りました。

バイザー　：クライエントを理解するうえで「あなたにはわからない！」という思いをぶつけられたところに、このケースの入口はあったのではないかと考えてみることができないでしょうか。これはある意味では大切な入口、いきなり感情のアクティングアウトを起こしていると理解できます。危機が表出され、表現している母親がいる。ソーシャルワーカーに対してそのような攻撃的な感情を表出している時期なのだと受け取らなければいけないでしょう。ともすれば怒りがソーシャルワーカー個人に向けられていると感じてしまいがちです。そういうクライエントの姿を共感的に理解することは、だんだん面接のなかで会得できますが、最初はこういうクライエントに出会うとソーシャルワーカーがひるんでしまったり、自分に厳しい攻撃が向けられているように感じてしまうのです。

提出者　：まさにその通りで、新人でもないのに動揺してしまい、そしてその動揺を見透かされたようにも感じたし、反応を試されているようにさえ感じました。「もらってくれる人を探しているんだけど、あなた（ソーシャルワーカー）なら（患児を）もらってくれます？　もらわないでしょう！　だから自分で育てます」と言われた時には一瞬言葉を失いました。

メンバー　：クライエントの独特な攻撃的な表現に心が痛み、傷ついたということですね。

メンバー　：痛み、傷つくということはある意味、裏を返せばソーシャルワーカーの側にそれを受け止める感性があるということです。それはソーシャルワーカーにとって大切なことで、それを感じられなければ、そのことの方がむしろ問題ではないでしょうか。

提出者　：ということは……。

メンバー　：ともするとクライエントに対して「攻撃的な人」とレッテル

をはって片づけてしまいがちで、「それで終わり」にしてしまう方が問題ということです。

メンバー：ベテランであってもこうなるということで、感性と知性でクライエントに向き合うということを考えれば、怒りに応える感性はソーシャルワーカーにとってむしろ大切ですよ。

提出者　：私自身が痛み、傷ついた「クライエントの感情表出」のとらえ方、それはクライエントにとっては「危機の表出」であり、ソーシャルワーカーはそれを「受け止める感性」をもつことも大切である、ということですね。ある意味ここがキーポイントなのでしょうか。

メンバー：怒りをぶつける相手としてソーシャルワーカーがいたということですね。

バイザー：危機にあるクライエントや感情を表出しているクライエントに向き合うとき、大切なのはクライエントの姿を共感的に理解することです。ある意味クライエントが危機のときはソーシャルワーカーも危機なのです。落ち着いたときに聞きこんでいくことが大切です。

ソーシャルワーカーは面接のときにわからなくても、記録を書いたり、整理している段階でクライエントの状況が客観的に見えてくるものです。怒りに傷ついたときには客観視することがとっさには難しいですが、この作業をしてみることによってソーシャルワーカーの負担は軽くなっていきます。

提出者　：記録の整理、そのことは頭では十分わかっているはずなのに、煩雑な日常業務に埋没して、疎かになりがちであることを反省しなければいけませんね。

メンバー：しかも渦中にあると、ともすれば見失いがちです。

メンバー：ソーシャルワーカーの年齢が近かったり、クライエントが若かったりするとソーシャルワーカーを感情のはけ口にすることがあります。いわゆる「ベンチレーション」として、気持ちのはけ口にクライエントがソーシャルワーカーを利用する

のです。

メンバー：確かにソーシャルワーカーと年齢が近いですね。

バイザー：この事例では、怒りをぶつけられたことは幸いであったといえます。黙り込むわけでもなく、冷静に語るわけでもなく、依存的になるわけでもなく、いきなりソーシャルワーカーに対して怒りをみせていることはむしろ健全なのです。クライエントにはアクティングアウトできる力があるのですね。

提出者：この指摘には「目から鱗」です。「健全なんだ！」とは思わなかった。ソーシャルワーカーが傷つけられてきた「攻撃的な言動」がクライエントのエネルギーであり、むしろ解決していく「力」になっていくかもしれない。そう思うとクライエントに対する見方、感じ方が変わってきました。

メンバー：ソーシャルワークの手法としてのエンパワメントですね。クライエントに内在している力をいかに発揮できるように援助するかということになります。

提出者：でも、それはクライエントとの間に関係性ができてからのことですよね。

メンバー：クライエントの置かれた状況は混乱し孤立しています。ご実家の母親の介護問題、果てしなく続くと思われる患児の養育上の問題等、実家に頼ることもできず一人で背負っていかなければならないと思い込んでいます。そして夫はまだクライエントのパートナーになりえていない状況ですね。

提出者：確かに……ソーシャルワーカーとして夫にそこまでのかかわりはできていません。

バイザー：もし「真の問題」と「入口の問題」というのがあるとするなら、真の問題に行くのはかなり先になるでしょう。例えば「離婚」というような問題の前に、とりあえず入口の問題の小さなサブゴールを一緒に担っていくパートナーにソーシャルワーカーがなるという形を、クライエントに対してのソーシャルワーカーの役割として考えてみてはどうでしょうか。

4 重症心身障害児の養育問題をかかえる母親への援助
〜怒りや攻撃的な感情表出の理解

提出者　：あまり先を見据えず、とりあえずの「サブゴールの設定」を
　　　　　考えてみるということですね。

メンバー：養育問題について考えていくだけでも大変なのに、家族の問
　　　　　題も同時に考えなくてはいけないようにソーシャルワーカー
　　　　　は思い込んで、収拾がつかない状態だったみたいですね。

提出者　：ええ、確かに。

バイザー：誰かが２人の間をつないでいく必要があります。危機に直面
　　　　　したときのコミュニケーションの特徴を洞察できるように支
　　　　　援し、夫婦間のコミュニケーションをしっかりしたものにな
　　　　　るように支援していくこと。養育への参加をどうするか。新
　　　　　しい養育環境を具体的に学べるような情報提供を行いつつ、
　　　　　マラソンの伴走者のような役割がソーシャルワーカーに求め
　　　　　られます。クライエントに対しては情報提供するという形で
　　　　　「やりながら……」信頼を長期にわたって作りあげていくと
　　　　　いうプロセスも考えられますね。

提出者　：焦らず時間をかけて信頼関係を作っていくということです
　　　　　ね。

メンバー：確かにクライエントのソーシャルワーカーに対する攻撃や拒
　　　　　否が続くかもしれないけれど、ソーシャルワーカーが冷静に
　　　　　受け止めていくことで、状況が変化し支援ができる可能性が
　　　　　でてくるかもしれません。

提出者　：敵意を向けられたり、攻撃にさらされてもその感情に巻き込
　　　　　まれないことが大切ということですね。冷静にということが
　　　　　なかなか難しいのですが。

バイザー：「夫は子どもを愛し、可愛いと思っている」ということを伝
　　　　　え続けること、夫の優しさを届けることもできます。クライ
　　　　　エントの「わかってほしい」という気持ちを反対に夫に伝え
　　　　　ることもできます。
　　　　　　このようなかかわりのなかでも大切なのはやはりソーシャル
　　　　　ワーカーの立ち位置です。ソーシャルワーカーは夫の味方、

クライエントの味方ということになってしまうと信頼関係もできないので、ソーシャルワーカーの立ち位置を常に意識していくことが大切です。

スーパーバイザーからのコメント

　医療者側が支援を必要と認識していても、クライエントの側に相談の必要性を感じていないときがある。そのような場合の支援として、まずクライエントを動機づけのある夫にしてワーカー・クライエント関係を形成し、間接的にクライエントに働きかけるという方法をとり、解決すべき問題も当面は障害を持った子どもの養育というところに焦点をあてる方がよいだろう。

　一方、クライエントへのかかわりを考えるときに大切なことは「怒りや攻撃」の表現を客観的に把握し外在化していくことだ。クライエントから怒りや攻撃的な表現を向けられると、ともすればソーシャルワーカー個人が責められたように思いがちだが、その怒りの罠に落ちることなく、その怒りや攻撃が何に向けられているか考える必要がある。「攻撃的な人」と決めつけず、共感的に理解する立ち位置をとり、なぜ怒りを発しているのか、怒りの根源はどこにあるのかなど、怒りの表現を客体化する作業が必要であり、さらにはソーシャルワーカーがその怒りに感情的に反応しないようにすることも大切である。

　本事例の場合、危機が表出され、感情をあらわに表現しているクライエント、怒りをソーシャルワーカーに向けていることはむしろクライエントの健全さ、内面に潜むエネルギーの表出と理解できる。また障害受容のプロセスについて考えるなら、まだ障害を受け止めるのは難しい段階であり、ソーシャルワーカーが怒りや攻撃を受け止めなければならない段階にあったのだ。

　クライエントからの攻撃に混乱している状態でワーカー・クライ

エント関係を形成するためには、関係を解きほぐすための客観視する手段として、記録の活用や記録整理が有効である。

　また、今後予測される障害への医療・リハビリなど必要な情報提供や当事者同士のつながり作りをしていくこともワーカー・クライエント関係を形成していくうえで効果的であり、例えば発音の仕方、発声法などの言語療法、当事者グループに引き合わせるなどの社会資源の情報提供も同様である。情報提供をしながら時間をかけて関係を作っていくというやり方、そして当面の課題（サブゴール）を設定して、その課題解決に向かって関係を成立させていくというプロセスも考えられる。

　ライフステージを考えれば先は長く、社会生活が始まる幼稚園への入園、就学期、平行して続く治療、その都度何らかの危機場面やそれに伴い新たな問題が生じることが想定される。そのときには、関係機関も医療より教育機関などへ移行していくことも考えられ、今、医療機関のソーシャルワーカーとして何ができるか、何をしなければならないかということを最優先して考えることも大切だろう。

提出者の振り返り

　提出理由でも触れたが、当初、ワーカー・クライエント関係を築けないことに固執していた。しかし何よりの収穫は、ソーシャルワーカーを悩ませていたクライエントの「怒りや攻撃的な感情表出」のとらえ直しであった。クライエントの特徴的な言語表現であり、そういう形でしか感情を表出できない段階であったこと、そしてその感情が意味するものが解き明かされたときに、クライエントの見方に変化が生じクライエントとの心理的な距離が縮まったように思う。

　自らが攻撃にさらされていると感じているときには、私自身もク

ライエントの前で防衛という鎧を着ていたのかもしれない。

　スーパービジョンを受けているときの私は、面接場面における
ワーカー・クライエント関係における「クライエント」であり、
スーパービジョンの場面でスーパーバイザーやメンバーから共感し
てもらい支持された経験は貴重であった。まさにクライエントに
とっても面接場面でこの共感され、支持されるという体感が大切で
あるということをソーシャルワーカーである私自身が身をもって体
験したことになる。

当時を振り返ってみれば

　ソーシャルワークの実践は対人関係援助を基盤とする。正直苦手
な対象者もいるし、相性の問題もある。さまざまな出会いを経験す
るなかで対人関係ゆえの悩みや苦しみ、悲しみやつらさ、多くの挫
折も味わった。

　なぜ、ソーシャルワーカーを続けることができたのだろう。当然
のことながら共感しあたたかく見守り支えてくれる仲間、そして良
き指導者であるスーパーバイザーの存在は言うまでもない。

　そして教科書的な表現ではないが、その対人関係ゆえの「人との
かかわり」のなかから見出すことができた喜び、楽しさがあり、そ
れは関係性の相互作用のなかから紡ぎ出されるものであった。そし
てクライエントから学ぶことも多かった。振り返ってみると、やは
りつまずきながらも続けてきてよかったというのが実感である。

4　重症心身障害児の養育問題をかかえる母親への援助
　　〜怒りや攻撃的な感情表出の理解

5 入院中に離婚となり、一人暮らしを余儀なくされたうつ病患者への支援
～寄り添いに時間がかかるクライエント

提出者のプロフィール

- 大学病院ソーシャルワーカー　● 女性（経験7年）
- 主に、脳神経外科・リハビリテーション科・内科・眼科を中心に担当しており、精神科の患者さんを担当するのは初めてである。

事例提出理由

　これまで主に一般科を担当しており、精神科は初めてのケースで、病状を医師に確認しながら手探りで支援を開始した。
　かかわりはじめた直後から離婚の訴えが届くなど人生の大きな節目であり、決断を迫る課題が表面化し、さらに弁護士との対応や住居を確保するために不動産屋を回るなど、今までにない対応を求められ、一つひとつクライエントと乗り越えていったという感覚をもっている。
　クライエントは一人暮らしであり、家族からの支援は受けにくいという状況から同行して外出する機会が多く、一般科のソーシャルワーカーの動きとは違う支援方法に戸惑いを感じ、ここまでやっていいのかなど悩むところも多くあった。
　また、精神科とソーシャルワーカーとの関係は、連携が十分できていない状況であった。院内スタッフからの依頼はほとんどなく、患者さん本人か、福祉事務所や保健所など外部の機関からの要請でかかわるくらいだった。この事例を担当した時期は、ソーシャルワーカーが病棟カンファレンスのメンバーとして参加し始めた時だった。精神科の患者さんに対してソーシャルワーク支援が必要という思いと、実

際どのようにかかわればいいのか、一つひとつの事例が今後のチーム作りにかかわっていくため、連携方法や協働のあり方について戸惑いと緊張を持っていた。これらの点から、支援の振り返りを行いたく、事例を提出した。

援助経過

1 事例の概要

　クライエントは50代の女性。48歳のときに精神科を初診、うつ病と診断され初回入院となる。入院期間は1年3か月で軽快して退院した。発病のきっかけは再婚先の姑より宗教を強要されたことである。
　ソーシャルワーカーがかかわったのは2回目の入院中からである。
　家族構成

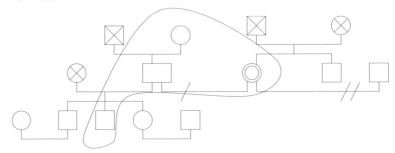

　うつ病の再燃で2回目の入院となる。義理の息子が「財産狙い」などと暴言を繰り返し、離婚を強要し、家を追い出された。婦人相談センター経由で一時保護を受け、一人暮らしを始めようとしている矢先に症状悪化のため入院となっている。家を出た段階で離婚届

けを突きつけられていたが、うつ状態が悪化し、離婚を棚上げしたままの状態で入院している。

入院中のクライエントより「女性のソーシャルワーカーに相談をしたい」と主治医を通して依頼があり、かかわりを開始した。

ソーシャルワーカーは、初回の面接で、ポツリポツリと話すクライエントの相談の内容から、義理の息子の暴言や自身の離婚問題、経済的課題も含めた今後の暮らしなど、人生の大きな課題をかかえていることがわかり、クライエントとの関係づくりと同時にかかえている課題の整理を行うため、週に1回の定期面接を組んだ。当面の目標として、直面する課題をクライエント自身が自分の意思を大切にして、取り組んでいけるようにサポートを行うこととした。対応にあたっては、病棟との関係づくりを意図して、主治医と担当看護師への報告や相談をこまめに行うこととした。

2 直面する課題と対応

◆ 離婚問題

面談を開始した直後に夫より、弁護士を通して離婚の申し立てが出された。先送りしていた課題が現実的に突きつけられ、対処せざるを得ない状況となる。

ソーシャルワーカーはこれからの生き方を左右する決定を、うつ病で入院治療中のクライエントが行える状況なのか確認するため、主治医と相談する機会を作り、クライエントの意思を確かめながら、必要な情報提供と手続きを行った。

離婚に対してはクライエントも同意しているが、慰謝料等の問題があり、どのように動いたらいいのかわからないので、クライエントとしても弁護士を立てたいという希望が出てきた。しかし費用を用意することが困難な経済状況のため、ソーシャルワーカーは法テラスを紹介し、クライエントが申請できるように手助けを行った。弁護士の紹介を受け、弁護士来院時にはクライエントとの面接に同

席し、コミュニケーションがスムーズに行くように仲介役を担った。クライエントが作成する必要がある答弁書の作成をサポートし、弁護士との連絡調整を行った。

最終段階で家庭裁判所へ出頭するときには主治医の依頼を受け、ソーシャルワーカーが同行した。クライエントに大きな動揺や病状の変化はなく離婚が成立し、クライエントもそれを受け止めることができた。

◆ 経済的問題

別居後の生活費や入院費用などは兄が支援していたが、離婚成立後、これ以上の経済的負担はできないと申し出があった。ソーシャルワーカーはクライエントと面接を繰り返し、クライエントの経済状況を把握し、クライエントが働く以外に利用できる社会資源がないことを確認した。主治医からは病状により就労は困難との意見を得たことから生活保護の受給を検討。クライエントに生活保護について情報提供し、申請の意思確認を行う。入院中のため、生保担当者に来院を依頼し、受給開始に伴う手続きや生活保護地区担当ケースワーカーとの連絡調整を行う。入院途中から生活保護を受給し、退院後も生活保護を受給して生活する。

◆ 退院に向けて整備

病状が落ち着き、離婚問題も決着した時点で主治医より退院の方向性が出されたため、退院に向けて準備を開始した。

入院前の住居は、婚家を追い出され、とりあえず荷物を置くために急きょ借りた家だったが、すぐ入院となったため実際は暮らしていない。荷物が置かれたままになっているので、現状を確認するために今の住居を同行訪問した。台所が使用できないなど一人暮らしを始めるためには住み替えが必要であることを確認し、生活保護地区担当ケースワーカーとの調整を行った。また退院後、暮らしのリズムを作るため、通院する病院とデイケア先を決め、その病院の近

くのアパートに転居するために住居探しに同行し、不動産屋との交渉や契約がスムーズに行くように支援を行った。

　試験外泊の後、退院となる。新しい病院に通院し、デイケアに通いながらスムーズに一人暮らしを始めることができた。

スーパービジョンの実際

メンバー：離婚を突きつけてきたのはだれ？

提出者　：２回目の入院のきっかけになったのは義理の息子の日常的な
　　　　　離婚の強要だったのですが、入院中の離婚の申し立ては夫自
　　　　　身で、夫が依頼した弁護士からのものでした。

メンバー：どんな家族ですか？　職業などは？

提出者　：商売をしている家です。老舗っぽい家です。

メンバー：患者さんはどんな感じの人ですか？

提出者　：病状的には深いうつ状態から軽うつ状態に移行したところで
　　　　　日中は自由に病棟を出て散歩ができる状態でした。表情がな
　　　　　く、ぼそぼそと話し、年齢よりは年を取って見えます。学校
　　　　　を出てから会社勤めをしてきて、最初の結婚は30歳台後半で
　　　　　したが、すぐに離婚しています。その後は家業を手伝った
　　　　　り、両親の介護をしていました。

メンバー：クライエントが精神科の患者さんであったことに戸惑いなが
　　　　　らかかわっている様子ですね。何に一番気を使ってかかわっ
　　　　　ていたのですか？

提出者　：うつ病ということで、一般的な疾患の特徴と、例えばうつ状
　　　　　態から軽快していくとき、自殺に気を付けなければいけない
　　　　　という情報は得ていました。ただし、このクライエントの今
　　　　　の病状はどのあたりなのかがよくつかめませんでした。こん
　　　　　な話をしていていいのか、もっとクライエントとじっくりか
　　　　　かわっていこうと思っていた矢先に、次から次と離婚や一人

暮らしといった人生の大きな節目、大きな生活の変化があって耐えられるのか、また病状への影響など大丈夫かな？　と戸惑っていました。

メンバー：どのように対処したのですか？

提出者　：慣れていない診療科ということもあり、病棟カンファレンスで報告をしたり、展開があるごとに主治医に相談しました。

バイザー：ソーシャルワーカーが独りよがりな支援をしていかないために、クライエントが直面している課題ごとに主治医と協議し、病棟カンファレンスなどで検討し、チームの中でのアプローチとして検討し、実施することが大切ですね。そのプロセスが医療チームとの連携や協働につながっていきます。クライエントに必要な支援が提供できるだけでなく、チームづくりにつながっていきますね。

家庭裁判所に同行するという行為もソーシャルワーカーだけの判断ではなく、チームとして同行という支援が必要と判断して動くことに意味がありますね。

提出者　：うつ病で治療が必要だから入院しているクライエントに、離婚という人生の大きな判断をさせていいのか、その決定の場面をクライエントは耐えられるのか、と病状にかかわることが多くあったので主治医の見解を確認しながら進めていましたが、チームづくりということからも大切なことだったんですね。

主治医から、「何か病状に変化があっても入院中だから大丈夫、あとは引き受ける」と言われてほっと安心したことを覚えています。

メンバー：支援の方法の違いを感じましたか？

提出者　：例えばリハビリが必要な患者さんだったら社会資源として「こことここにリハビリができる病院があります」と本人や家族に病院を紹介し、説明をしておくことで見学に行ってくださいと進めていくことができます。でもこのクライエント

は一人では動けない。初めての場所や初めての人とのコミュニケーションは緊張があり、パニックになってしまう可能性があります。頼る家族がいない、家族がいても頼ってはいけないという状況のなかで、紹介や情報提供だけでは何も動かない。ソーシャルワーカーはどこまで一緒に動くのか迷いました。

弁護士が決まり、面会に来てもらったのですが、クライエントは初めて会う人、特に男性に対して怖さを感じて話せなくなってしまったり、自分をサポートしてくれる人と理解していてもなかなかスムーズにいかないことや、ぼそぼそと要領を得ない話し方で、弁護士からも困ったなあというような視線を感じたり。よくわかっているソーシャルワーカーが通訳的な役割をして橋渡しをすることで、コミュニケーションが成り立つことがあるんだなと感じることもありました。

メンバー　：不動産屋さんまではなかなか行きませんよね。

提出者　　：初めての体験でした。家を借りることは自分の経験ではありましたが、中年の一人暮らしの女性であるクライエントは病気のせいか、年齢以上に見えるところがあります。年を取って女性が一人で家を借りるということは大変なことで、不動産屋さんとのやり取りのなかでも傷つけられることも多く、一緒に動くことでわかることがたくさんありました。

ソーシャルワーカーとしては今、目の前のクライエントが抱えている生活課題に必要に応じて動いているという思いと、ここまでやっていいのかな、やり過ぎていないかな、甘えさせているのかなと気になることもありました。

メンバー　：よくやっているなと思いましたが、どんなときに気になったのですか？

提出者　　：ソーシャルワーカーは日々、忙しく働いています。院内にいてもどんどん相談依頼が入ってきます。同僚も忙しく働いているなかで、何度もクライエントと外に出てしまうとほかの

　　　　　患者さんの相談にはのれませんし、同僚にしわ寄せが来ます。でもこのクライエントには今、同行することが必要……みたいな。
メンバー：同僚の視線とか、上司の目とか気になりますよね？　その辺はどのように動いたのですか？
提出者　：このケースに対応しながら気づいたのですが、やはり同僚から軽い調子だったのですが、「最近外出が多いよね？」という言葉を耳にして……。
　　　　　ソーシャルワーカーの部内会議で予定を伝えるだけではなく、どんなケースでなぜ同行が必要なのかをソーシャルワーカー間で理解し合うことが必要だと感じました。
メンバー：ソーシャルワーカーチームということですか？
提出者　：そうかもしれませんね。チームというと他職種というイメージがありますが、まずはソーシャルワーカー間にもチームがあって、それは作り上げていくものなんだとお話をしていてあらためて感じます。
　　　　　それぞれのソーシャルワーカーが担当しているケースの動きは、ソーシャルワーカーの人数が多くなったり、ケース数が

5　入院中に離婚となり、一人暮らしを余儀なくされたうつ病患者への支援
　～寄り添いに時間がかかるクライエント

増えたりすると十分把握できているわけではないのですが、ここぞというケースについては詳しく状況を話し合うことで、業務を分担することや、ここまではこの相談室でやっていこうというコンセンサスを得ることにつながるんだと感じます。次回、同じように他のソーシャルワーカーの協力を得たいケースが出たとき、相談しようと思えるのではないかと思います。

スーパーバイザーからのコメント

　離婚の決着を先送りするクライエント。クライエント自らの課題を整理することを支援するためにソーシャルワーカーは面談をしていた。離婚に対し、クライエントは同意しているが、裁判所に出頭するときに伴走者であるソーシャルワーカーを必要としていた。次に経済的な問題、さらに退院に向けての整備。クライエントの新しい生活のスタートを支援する。目の前におきた一つひとつの具体的な生活課題を一緒に解決していくことが「寄り添う支援」といえる。地域の社会資源を活用しないままに、一人で歩き出すのは困難。地域の誰にどのように相談していくのかということまでサポートし、地域と病院をつなげていた。

　心の病を持ちながら大きな試練があるクライエントに、一緒に歩むと伝えることが次のステージに進む一歩になる。クライエントの中に資源を見つけがちだが、環境が激変するときは一緒に資源を開発したり探していくことも必要。資源リスト、資源マップを作ることも大切である。

　病気というレッテルをはられることがどれほど苦痛か。病識があるということと患者であるということは別である。患者は、病気のなかに閉じ込められてしまうわけではない。患者は、医師や看護師などからのさまざまなサポートを必要としており、そのサポートに

よって生かされる「病気の人」という役割を担わされがちである。しかし、患者自身はサポートの中心に位置しているだけではなく、患者自身もその病気とともに生き、病気に取り組む力を持った人であり、自らの人生を生きていく人としてとらえなおすことが大切である。病気とともに生きていく人生の目標を見出していけるような支援がストレングスモデルのとらえ方である。ここで患者としての位置づけから、地域のなかで生きる一人の生活者として「クライエント」に変わるのだ。

クライエントの自立をサポートするとき、地域へつなぐ役割が生じる。地域の資源を活用し、支援を分担することもできる。社会資源が不足し、地域とのネットワークが十分もてないときは、ソーシャルワーカー自身が資源を開発するという役割を果たすことがある。これも寄り添う支援である。

提出者の振り返り

医療ソーシャルワーカーとしての経験は持っているが、長期入院中の精神科の患者さんの生活そのものを立て直して退院を考えるという事例は初めてだった。また、家族に代わって、裁判所への同行や弁護士との対応、住居探しなど一般科での支援とは異なった方法で、具体的にソーシャルワーカーも病院から出て支援する必要があった。

次々と起きてくる人生の重大な決定を迫る事柄に対して、うつ病のクライエントの病状を踏まえつつ、クライエントの気持ちを大切にしながら対応するのが精一杯な状況だった。現実に迫られながら行ってきた支援が、クライエントにとってどんな意味があったのか、かかわりすぎたり、依存させすぎているところはなかったかとたくさんの不安が残っていたが、スーパーバイザーからは目の前の出来事に一つひとつ対応していくことが、「クライエントに寄り添

う支援」であるとコメントしていただいた。

　当時、ソーシャルワーカーが外に出ることの意味について、確信が持てないまま動いていた。一人の患者さんに付き添って裁判所に行くこと、自宅訪問、家を借りるために不動産屋へ同行すること、何回かの外出はクライエントの自立のために必要なことであるが、その間、ほかの患者さんたちの相談を受けることができなくなり、同僚のソーシャルワーカーの協力が必要となった。

　勉強会に事例を提出するために事例記録を振り返り、レジュメを作る作業によって、援助の経過をたどることができ、自分のかかわりを客観化することができた。また勉強会において、質問や意見をいただき、より具体的にその意味をとらえることができた。ソーシャルワーカーとして何を判断し、何をしてきたのかを確認することが可能となった。

　援助経過の中で、医師に確認をとり、状況に応じて改めて依頼を受けて支援していたことがチームの一員としての動きであり、必要なことであったことにも気づくことができた。

当時を振り返ってみれば

　手探りで行ってきた支援に対してスーパーバイザーから「クライエントに寄り添った支援」というコメントをいただき、目の前の課題をクライエントと一緒に夢中になって取り組んでいたことが一つの方法であることがわかりほっとしたと同時に、また明日も頑張ろうという気持ちを持ったことを鮮明に覚えている。

　自分ではそれなりに考え、支援をしていても立ち止まったとき、これでよかったのかと不安になることがある。もっと別のアセスメントがあり、別の支援方法があったのではないかと考えることもある。特に初めてのことであったり、連携がまだ取れていない診療科の事例の場合は不安が大きい。そんなとき、クライエントの支援を

まとめて事例化するプロセスや、事例を提示したときにメンバーから質問や意見は多くあっても、決して批判や否定されない体験や、スーパーバイザーによる理論に基づくコメントから勇気をもらい、ほっとした安堵感が沸いてきて、次の事例に活かしていこうという思いがあふれてきた。

　また、クライエントに対する支援の面だけでなく、チームに対するかかわりに関するコメントもいただいた。ソーシャルワーカーの独りよがりの支援を防ぐためにはクライエントが直面している課題ごとに主治医と協議し、病棟カンファレンスなどで検討し、チームでのアプローチとして検討され、実施されることが大切である。そのプロセスが医療チームとの連携や協働につながっていくことをスーパーバイザーに指摘され、理解することができた。また、同僚のソーシャルワーカーに同行支援の必要性を説明し、了解を得、不在中の協力を引き受けてもらうなど、ソーシャルワーカー間でのチームや協働を意識することができたケースだったと振り返る。

　当時の私はソーシャルワーカー部門の主任という立場だった。ワーカーの人数を増やしていき、集団が大きくなるなかで、運営は手探り状態だった。このグループスーパービジョンでは、ソーシャルワーカーのチーム作りや運営についても示唆をいただき、組織運営にも生かすことができた。

6 HIV/AIDS患者への
かかわり
サポートチーム作りを通して
～社会的偏見を抱えた患者さんを支援するために

提出者のプロフィール

● 大学病院のソーシャルワーカー　● 女性（経験16年）
● HIV医療チームの一員としてエイズ診療拠点病院の指定を受けるための準備段階からチームに加わり、HIV専門医・HIV担当看護師とともに診療体制づくり、サポート体制づくりを行ってきた。

事例提出理由

　HIV/AIDSは診断がついたときは死に至る原因不明の感染症であった時代から、原因の究明と治療法の開発により慢性疾患へと急速に大きく変貌を遂げている。しかし、死に至る病気というイメージが強く、感染経路が性行動にかかわっていることが多いこと、さらに世間の疾患に対する理解は乏しく、差別・偏見が付きまとっている疾患である。このためHIV/AIDS患者は患者本人が病気を十分理解し、受け止めて、生活を組み立てていくことができるようなソーシャルサポートが必要である。日本において感染者数は増え続けており、HIV/AIDSが特別な病気で一部の医療機関だけで対応する疾患ではなくなってきていることから、現状を報告し、HIV/AIDS患者支援チーム作りやHIV/AIDS患者に必要なソーシャルワークについて、事例を通して検討したいと考え提出した。

援助経過

1 事例の概要

Aさん、男性、49歳、大手商社勤務、海外長期出張が多く、1か月前に東南アジアより帰国した。帰国後、原因不明の微熱が続き、体調がすぐれないため受診、精密検査のため入院となる。HIV/AIDSの検査を行ったところ陽性であることが判明した。

◆ 家族構成

Aさんは妻の両親と妻と3人の子どもと同居している。

妻が一人娘であったこと、また海外出張で家を空けることが多いため、妻の実家で暮らすことになった。

海外勤務で長期に家を離れているときは、妻や子どもたちが妻の両親と暮らしていることで安心な点が多い反面、帰国すると息苦しさも感じていた。

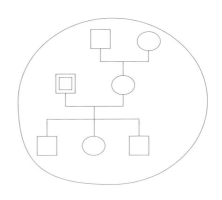

2 援助の経過

当院では、HIV/AIDS陽性が判明したとき、検査部門より直ちにサポートチーム（HIV/AIDS専門医・HIV/AIDS担当看護師・ソーシャルワーカー）に一報が入りチームとして介入する仕組みを作っている。患者本人への告知に向けて診療科の主治医・担当看護師を交えて、告知前カンファレンスを開き、患者の情報を共有し、告知の手順、告知後のフォロー体制などを確認したうえで、本人告知を

行っている。

　Aさんへの告知は主治医とHIV/AIDS専門医、ソーシャルワーカーが同席して行い、告知後のフォローはソーシャルワーカーが担当した。

◆ 告知の場面

　Aさんにそれぞれが自己紹介をしたのち、主治医から検査の結果、HIV/AIDS陽性であったことが告げられた。Aさんはがっくりと体の力が抜けたようにうなだれ、終始うつむいた状態で説明を聞き、時々質問を投げかけていた。

　専門医より、現在のHIV/AIDS医療の状況の説明があり、原因不明の病気だった時代から今はウイルスが特定でき、薬も開発され、治療によって生活していける病気に変わったことなどが伝えられた。Aさんはふと安堵の顔をのぞかせるもすぐに表情が変わり、「どれくらい生きられますか？」「会社には知らせないといけないですか？」「保険は使いたくありません」「病名はこの病棟では誰が知っているのですか？」など落ち着いて話を聞いているように見えた一方で、思いついたことをふと口にするというような状況だった。

　専門医よりこれからさらに検査を進めて、病気の進行の状況などを明らかにして治療方針を立てること、主治医とHIV/AIDS専門医が診療にあたることや治療だけでなく、生活上の不安や経済的なこと、仕事のことなどの相談も含めて治療にあたるためHIV/AIDS担当看護師とソーシャルワーカーがいることなど、チームでサポートしていくことを伝え、Aさんの了解を得た。

◆ 告知後のフォロー面接

　告知を受けた直後のAさんは疲れた様子で声も小さく、力が出ないようで、ソーシャルワーカーからねぎらいと病名を聞いたあとの今の気持ちを問いかけると「正直な気持ちは消えるようにいなくな

りたいです」と述べた。「保険を使いたくないとおっしゃったのも
そんなお気持ちからですか？」と尋ねると、会社や家族に病名を絶
対に知られたくないこと、今まで通りの生活をしたいこと、それが
難しいときは自分の存在を消してしまいたいと述べた。

　ソーシャルワーカーはＡさんの中にある思いの表出を促しなが
ら、告知の場面での医師の説明をそのまま理解することができてい
るか、その時は出なかった治療に対する疑問や生じてきた不安、家
族への思いや仕事など生活上の不安などを聞き、受け止めながら、
病気によって生じてくるさまざまな不安や生活上の困りごとを一緒
に考えていくことを伝え、次の面接の約束をして告知後のフォロー
面接を終えた。

◆ 告知後カンファレンス

　告知、その後のフォロー面接を終えて、サポートチームと病棟ス
タッフを交えた告知後カンファレンスを行い、告知の内容、フォ
ロー面接の様子などを共有し、今後の方針の確認を行った。

　フォロー面接を担当したソーシャルワーカーから告知後のＡさん
の状況を伝え、Ａさんは一見冷静に見えるが、かなり不安定な状況
で落ち込みも大きく、「消えてしまいたい」と表現しているところ
は気になる点であること、病名が家族や職場に伝わることをとても
恐れていることなどを伝え、ソーシャルワーカーとしては頻回に面
接を組んでいく方針であること、見守りも含めた看護体制の強化を
依頼し、HIV/AIDS担当看護師と病棟看護師が相談していくことと
なった。HIV/AIDS専門医からは追加の検査を行ったうえで治療方
針を立てることが告げられた。最後に個人情報の取り扱いと、細や
かな連携を取っていくことの再確認をメンバー間で行った。

スーパービジョンの実際

メンバー：HIV/AIDSというあまり支援したことがない病気でしたが、
病名告知の場面を事例として出してもらったのでとてもわか
りやすかったです。ただ、告知というとがんでも同じように
死に至る病気としてのイメージが浮かぶ病気ですが……。

提出者　：がんの告知の場合、がんの進行度にもよりますが、最近は本
人告知も増えてきています。ですが、まずは家族に伝えて、
患者は病名告知を受けたいかどうか、家族を通して患者の気
持ちをあらかじめ確認するという段階を踏むことも可能で
す。患者の知りたくない権利もあり、いろいろと家族のサ
ポートを受けることができます。

メンバー：そこが大きな違いなんですね。

提出者　：そうなのです。HIV/AIDSの告知の場合、告知の対象はまず
患者のみです。告知を受けたいかどうか、患者の希望にかか
わらず、本人告知が原則なんです。患者の体調管理と感染予
防のため、患者への告知が必須です。家族のサポートは重要
ですが、患者にとって家族が最も伝えにくい人となることが
あります。病名を聞かされる立場の人の認知度などによって
は準備もなく伝えたときには、病名を伝えるだけでなく、今
までの関係を壊してしまう危険性も併せ持っています。患者
本人の思いを尊重しつつ、家族など大切な人に伝えると決め
たときには医療側もサポートの方法を検討し、実際に必要で
あればサポートします。

メンバー：家族が最も「伝えにくい人」になるわけですか。がんの告知
は家族が支えとなる場合も多いのに。ご家族に伝えないで、
一人で頑張るということがあるわけですか。ご本人はどれほ
ど辛いことでしょう。

提出者　：このあたりが性感染症であることが大きく影響していると思

います。病気であることを伝えるだけでなく、性的指向や性行動を伝えることにもつながります。家族関係や今までの人間関係にひびが入るような影響も考えられるわけです。社会的偏見も根強くあります。患者本人も家族も病気のことをどんな風に理解しているかわからないわけですから。

ただ、医療者として、病気を隠すことばかりを応援しているわけではないです。家族に対してとは限らず、患者自身が「伝えたい」と判断して伝えることができ、少しでも理解してサポートしてくれる人が増えたらいいと思っています。そうやって正しい知識を持った理解者が増えることは大事なことだと思っています。でもまだまだ社会的偏見が大きい病気です。病気を理由とした退職は労働基準法違反で裁判では退職を迫った方が負けると言われていますが、そうは言っても現実的には裁判を起こすことは大変なことですし、真正面から病気を理由としなくても職場の人間関係がぎくしゃくしたり嫌がらせを受けるなど、絶対にそんなことは起こらない大丈夫な社会とは言えないのが現状です。患者が望まないのに、例えば病院での不十分な対応で病気が家族などに伝わってしまうといったことは避けなければいけないです。病状説明をするから家族を呼んで……みたいな病院の常識は外さないといけないと思います。病気はプライバシーなんだという意識が求められます。

メンバー：患者さんは病気だけではなく、偏見と闘わなければならないですね……。

そうなると、ソーシャルワークの支援もほかの病気とは、ずいぶん変わってきますか？

提出者：実は基本は変わらないと思います。ソーシャルワーカーもそうですが、病院もですね。HIV/AIDSに対しては医師、看護師だけの治療関係ではもう太刀打ちできません。チームで、医事課や診療にかかわる各部署全体で診療体制を考えなけれ

ばいけない疾患かと思います。患者さんの心理的・社会的サ
ポートが治療に必要で、医療にカウンセリング・ソーシャル
ワークを持ち込んだ疾患がHIV/AIDSと思っています。

メンバー：HIV/AIDSという疾患がチームにソーシャルワーカーを引き
込んだという発想は面白いですよね。でもこれはHIV/AIDS
に限ったことではないとも思いますが。

メンバー：一つの突破口ということかしら？

提出者　：ソーシャルワーカーが介入するのは患者さんのサポートです
が、同時に医師へのサポートにもなっています。どんな人？
と家族から情報を聞くことはできません。患者本人との関係
もまだ十分取れていない状況で、HIV/AIDSについて患者さ
んがどんな知識を持っていてどんな性格なのかもわからない
なかで、シビアな告知をするわけですからチームでかかわる
メリットを医師が一番感じているのではないかと……。

メンバー：ソーシャルワーカーの支援が必要とされているにもかかわら
ず、組織やチームの中で理解されたり、認知されることが難
しいというのが現実ですよね。この勉強会でも何度となくそ
のような話が出てきました。私自身も、何度も悔しい思いを
してきました。そこから考えると、ずいぶん違いますよね。

メンバー：ソーシャルワーカーがチーム医療のメンバーの一員として参
加し、医師へのサポートをし、結果的に患者のサポートに
なっている。要は医師からソーシャルワーカーが必要とされ
ているということですね。

メンバー：これまでソーシャルワーカーが実践を積んで、患者さんの支
援に実績を上げてきたこと、それが病院内で理解されている
ことがそこにつながっているのではないですか？

提出者　：そうですね。医師もチームメンバーとしてソーシャルワー
カーをとらえています。これまでの当院でのソーシャルワー
カーの活動が認知されていることはあります。また、拠点病
院整備におけるサポート作りに当初から参画して、HIV/

AIDS患者の心理・社会的課題を伝え、それに対するソーシャルワークを具体的に伝えてきたことも影響していると思います。もともと感染対策の医師や看護師とはMRSA対策で連携を取っていたということもあります。

メンバー：事例の話に戻るけど、いきなり告知という重要でとてもプライベートなところに、ソーシャルワーカーが介入しているということに患者さん側から疑問はでないのですか？

メンバー：私も疑問を感じました。確かに、患者さんは治療をしてくれる医師や看護師には個人的な情報が流れても仕方ないと思っていることが多いけれど。そこに治療者ではない人間がいるということがあとからわかったら、どう思うかしら……。

メンバー：HIV/AIDSという疾患特有の繊細さということも考えると、そこは私も気になります。

提出者：そうですね。告知の場面で最初に医師から「チームで治療にあたっている」と説明がされます。ソーシャルワーカーもメンバーの一員として紹介を受けます。患者さんはその場ではソーシャルワーカーと聞いて何者か、何をするのかはよくわからないと思いますが。医療者がソーシャルワークの必要性を理解していることや、チームで担当するんだということを伝えられることが大事かなと思っています。告知の場面にはHIV/AIDS担当看護師かソーシャルワーカーかどちらかが入っていますが、今のところクレームはありません。

メンバー：面談の最初に医師が紹介するという方法は患者さんに安心を与えているのかもしれませんね。

提出者：告知の場面で一緒に聞いていることで、内容もその様子もわかるからフォローはしやすいのが実際です。でもご指摘いただいたように、本当にこの流れでいいのか、患者さんにとってはどうなのか、考えてみることも必要かもしれないですね。

メンバー：その個人情報に関してですが、確かにHIV/AIDSの方ではさ

6 HIV/AIDS患者へのかかわり　サポートチーム作りを通して
　〜社会的偏見を抱えた患者さんを支援するために

　　　　　らに重要とは思いますが、どのような疾患でも守るべき点で
　　　　　もありますよね。
メンバー：確かにそうですよね。チームということと、患者さんの個人
　　　　　情報は両立させないといけないことですよね。チームという
　　　　　ことだけに心を奪われてはいけないということですね。
メンバー：このHIV/AIDSの事例、そしてソーシャルワーカーの動きは
　　　　　すごいなあと思いますが、このかかわり方だとパンクしませ
　　　　　んか？
提出者　：サポートチームや担当科との連携は良好で、チームとしてよ
　　　　　く機能しているのですが、おっしゃる通り今後患者数が増え
　　　　　たとき、現サポート体制ではチームとしての対応が困難に
　　　　　なってくると思います。
　　　　　でも、HIV/AIDS医療は患者さんを診療の中心において、患
　　　　　者本人への告知を行い、疾病の受け止めの段階からソーシャ
　　　　　ルワーカーも含めたチームで対応し、生活の立て直しをサ
　　　　　ポートする体制を整えてきました。このようなサポートは
　　　　　HIV/AIDSだけでなく、他の慢性疾患にも広げていく必要が
　　　　　あると思っています。病院組織に対して必要性を伝えて、
　　　　　ソーシャルワーカーを増やしていく働きかけをソーシャル
　　　　　ワーカーだけでなく、ここでもチームの力を借りて働きかけ
　　　　　ることができるようにもっていきたいと思います。
メンバー：患者さんとのかかわり方を変えるのではなくて、ソーシャル

　　　　　　　ワーカーを増やすとは。そういう考え方はなかったです。

メンバー：人が少ない、わかってくれないというだけではだめだってこ
　　　　　とですね。「やっているから増やして」という働きかけ。そ
　　　　　れには、「やっている」ということを示して、アピールして
　　　　　いかないといけませんよね。

メンバー：「やっている」ということに関して、実績はどう示したらい
　　　　　いのでしょうか。病院はすぐ退院数、転院数と言いますが、
　　　　　私のような経験が少ないワーカーは、実績の示し方すらわか
　　　　　らずに苦労しています。

メンバー：実績というのは、やはり患者さんとの相談件数がありますよ
　　　　　ね。また、地域の他医療機関との連携が行われていることな
　　　　　ども挙げられるかもしれません。

メンバー：医療者にソーシャルワーカーが必要とされているという点は
　　　　　欠かせませんよね。このHIV/AIDSの方の事例のように、医
　　　　　師のサポートが患者さんのサポートであるわけですから。

メンバー：この事例ではソーシャルワーカーにすぐ参加要請があり、初
　　　　　期の段階からチームに参加されてきたわけですよね。それは
　　　　　先ほどおっしゃっていましたが、やはり相談室の地道なソー
　　　　　シャルワーカーの実践の積み重ねとともに、院内でのチーム
　　　　　作りや連携が日頃からうまくいっている、そして医師をはじ
　　　　　めスタッフにもソーシャルワーカーの役割や専門性への理解
　　　　　が浸透しているという結果なのでしょうね。そう思いまし
　　　　　た。

提出者：このHIV/AIDSの方の事例を通し、私自身、「チーム」という
　　　　ことをとても考えました。HIV/AIDS患者さんの支援を行う
　　　　のに、ソーシャルワーカーは欠かせない。その視点から体制
　　　　づくりにかかわってシステムを作ってきました。
　　　　でも、それができたのも治療法が確立していない時代から患
　　　　者さんを支えてきたソーシャルワーカーの支援活動の力をも
　　　　らっているからだと思います。

6　HIV/AIDS患者へのかかわり　サポートチーム作りを通して
　　～社会的偏見を抱えた患者さんを支援するために

スーパーバイザーからのコメント

　HIV/AIDS患者を取り巻く環境は、数年の違いで医療技術が進歩し、医療事情やソーシャルワーク実践も変わってきている。治療法未確定の時代は、診断がつくことはすぐ先の「死」を意味した。どう生きるかを支援するのではなく、死と隣りあわせにある「死に行く人」として支援するしか方法はなかった。診療体制は不十分で、病院によっては診療拒否があり、今40度の熱があるといっても病院の中にすら入れてもらえない時代もあった。しかし数年間で、病気の原因が突き止められ、治療薬が開発され、薬害AIDS訴訟もあるなど、厳しいあってはならない状況を経験した。そして、身障手帳の対象となるなど、医療の変化によって疾患が提示する生活障害は変容した。ソーシャルワーカーの対応も大きく影響を受けている。

　事例提供者の病院は、すでに治療方法や生活の支援方法が見通せるようになってからHIV/AIDS診療拠点病院となったという点で、今までのソーシャルワーカーたちのソーシャルアクションも含めた活動を基盤としているということである。

　日本のHIV/AIDSはほかの国とは違い、薬害問題としてクローズアップされた。先ほど話題になった身体障害者としての認定は、国による保障の一環でもあったが、その認定の原因を薬害だけに絞らなかったところにも大きな意味がある。この認定にあたってはソーシャルワーカーの働きかけが大きく影響している。

　ソーシャルワーカーは一人ひとりの患者さんが抱えている生活課題と向き合うが、一人ひとりの支援を積み重ねながら社会への働きかけ、ソーシャルアクションも視野に入れていくことも求められる。

　さらに病院組織に働きかけて体制づくりをしたり、チームとしての動きなど、ソーシャルワーカーの対象は個別だけではなく、常にメゾ・マクロも視野に入れることが大切である。

HIV/AIDSは、その疾患が社会的偏見を生み、孤立を余儀なくさせてしまっているという現実が事例を通して浮き彫りになった。孤立は社会的支援でカバーできる。しかし、孤独は残る。生きていてよかったと思う瞬間が、孤独を補強して克服していくエネルギーを作り出す。一緒に歩こう、私たちがいるじゃないというメッセージをソーシャルワーカーは伝え、ともに歩むことが求められる。クライエントにとって、何がQOLを上げることなのかをともに歩き、一緒に考えていくことが強く求められる。

提出者の振り返り

　以前の勉強会においては、抗HIV/AIDS薬が登場する前から、HIV/AIDS診療を行っている病院で患者を支援してきたソーシャルワーカーから、当時の診療やソーシャルワーク実践の様子が紹介されていた。今回、この勉強会で取り上げ検討することによって、HIV/AIDSの原因や治療方法が確立してもなお患者が背負っている社会的偏見が大きく存在し、病気ということだけではない生活障害となって患者の生活を脅かしていることが確認できた。また、ソーシャルワーカーという支援する立場であっても自分の中に潜んでいる偏見、知らないことからくる偏見があることを私たち自身が自覚することの大切さや、今後病気とともに生活する患者が増えていくことからHIV/ADIS患者への多方面からのソーシャルワークの必要性などをあらためて実感することができた。

　勉強会の中では、ソーシャルワーカーが行ったチーム作りや告知場面にチームの一員として参加する方法などに質問が集中し、ソーシャルワーカーの役割などが話し合われた。

　チームの一員としてソーシャルワーカーが参加することの意味と、患者の個人情報を守るということを今一度立ち止まって考えていく必要があることに気づくことができた。

6　HIV/AIDS患者へのかかわり　サポートチーム作りを通して
　　〜社会的偏見を抱えた患者さんを支援するために

今後、日本では感染者が増加することや慢性疾患として拠点病院だけでなく、一般病院で診療を行うことも多くなることや、介護が必要になったとき、福祉施設など生活を支援する施設でも対応が必要になることが予想されることから、幅広い理解の必要性も感じ取ることができた。

　また、ソーシャルワーカーは日常、個別支援を中心に活動しているが、診療体制作りやチーム作りも重要な業務であり、チームや組織に働きかけるソーシャルワーカーの活動の重要性も再確認することができた。

当時を振り返ってみれば

　HIV/AIDS患者さんへのかかわりは、ソーシャルワーカーとして大切な基本をたくさん再確認させてくれた。個別支援にとどまらず、チーム作りや診療体制作りなど、今まで培ってきた院内におけるソーシャルワークの積み重ねを総動員しながら取り組んでいた。この勉強会にその取り組みを事例とともに提示することで、あらためて視野を広げて支援を振り返り、検討することができたと考える。

　ソーシャルワーカーの動きは病院ごとにその病院が持っているミッションや機能、病院の事情のなかでソーシャルワークを医療の中に定着させるために悪戦苦闘している。当院でも試行錯誤を繰り返しながら取り組んでいた。HIV/AIDSサポートチームとしての活動もその一つであるが、そのチームの活動も一医療機関の取り組みではあるものの、その土台に、まだ原因不明で治療が困難だった時代を支えていたソーシャルワーカーの活動や、それを声にしてソーシャルアクションによって、社会資源を勝ち取っていった歴史によって成り立っているということをメンバーやスーパーバイザーとのやり取りの中から強く感じることができた。そして今の活動がま

第**2**章　苦しみやつまずきを乗り越えるグループスーパービジョンの実際

89

た土台作りにつながるということも感じることができた。

　さらにチーム医療という名のもとに患者さんの情報を当たり前のように受け取っているが、今一度そのかかわり方は患者さんに了解されていることなのか、検討していくことの大切さを感じた。私たちは生活者の視点を持つソーシャルワーカーがチームの一員となることの必要性を訴え、チームの一員として動いている。しかし、医療者ではないということの強みを持ってチームに入っていながら、医療者のようにふるまうことでいいのか、強みを生かすためにどのように説明し、了解を得ることがいいのか、ソーシャルワーカーがいろんな場面でチームの一員となってきたからこそ見直してみることの必要性を感じることができた。

　本グループスーパービジョンに提出するために事例をまとめていく作業は、時間もかかり大変な作業だが、日々の目の前の患者さんの支援に追われ、つい当たり前になっていることをちょっと客観的に視点を変えてみることで、その意味やこれからの方向、取り組んでみた方がいいことに気づくことができる。それはソーシャルワーカーとしての成長とともに部下を指導していくときのヒントにもつながっている。

7 乳児院家庭支援専門相談員としてのかかわり
～ソーシャルワーカーの専門性の確認

提出者のプロフィール

- 医療機関附属乳児院担当ソーシャルワーカー　● 女性（経験12年）
- 院内のソーシャルワーカーは1名配置

事例提出理由

　2000年に児童虐待防止法が成立した。翌年私は乳児院併設医療機関に異動し、約3年勤務した。その期間は児童虐待に世論の関心が最も高まった時期であり、また児童虐待への対応が飛躍的に変化した期間であったと思っている。そして私自身、家庭支援専門相談員としてどのような役割を果たしたのか。そのまとめと振り返りを行いたく提出したものである。

事例概要

　月齢4か月の男児　　父：長距離トラック運転手　　母：専業主婦
姉：3歳　保育園通園
　近くに父母の両親が住んでいる。
　3か月検診時に、男児の身体的発達には問題がなかったが「あざ」が見られたため保健師との面談があった。
　そこで、保健師の介入が始まったが母は拒否。家庭訪問もできず。
　今回、硬膜下血腫で近隣の大学病院へ搬送された。両親は男児がテーブルから自分で落ちたと話したため、児童相談所へ通報。児童相談所では緊急受け入れ会議を開催し、乳児院措置が決定した。
　姉については、保育園からの情報では特に問題はないと言う。

援助経過

1 入所依頼

　児童相談所相談係職員から、「○日に1人入所お願いします」と連絡があった。入所目的、発達状況、感染等、予防接種の進行状況、親権者の情報、家族状況などの情報がなかったが、よくよく話を聞くと、虐待を受け病院に入院している子どもの入所であることがわかり、病院であれば診療情報提供書がもらえるはずだと伝えて再度調整を依頼した。

　後日診療情報提供書が届き、頭部外傷があり、大学病院の脳外科にて血腫除去術を行っていることがわかった。また親が毎日長時間面会に来ており退院を強く求めているため、現在入院中の病院からそのまま当院への入所を考えたいとの意向であった。しかし分離後の親の不安を軽減するため、入所先を明らかにし、乳児院入所時に家族も一緒に同行し、面会も自由にと求められたため、乳児院では親への対応は困難だと伝えた。

　しかし児童相談所としては、入所決定は児童相談所に権限があり乳児院で対応できるとの判断であることを譲らないため、児童相談所の児童福祉司3名に来院してもらい、院長はじめ担当医師、ソーシャルワーカーとで受け入れにあたっての会議を開催した。当初意見は平行線であったが、医療機関併設の乳児院で受け入れた方がいい子どもであることから、入所が決定。脳外科は現在入院中の医療機関へ通院することになった。

　問題は両親対応であるが、乳児院としては両親が乳児院措置の同意をしてもしなくても、面会時には児童福祉司が必ず同行すること、事前に連絡することを条件とした。

2 入所～1か月まで

入所への親の同意が得られなかったため、一時保護委託で入所になった。

また、祖父母たちが弁護士を立てて不服申立てを行うことを伝えてきたため、入所先を明らかにし両親、両祖父母、そして姉を含め7名と児童福祉司3名とで面会に来ることが決まった。

3 初回面会

乳児院からは、ソーシャルワーカーのほか、担当保育士、病棟責任看護師と3名で対応。

父は、本人を抱きしめ「こんなところに入れられてかわいそうに」と涙ぐんだ。一方母は少し抱っこしたものの、特に感情を表すような言動はなかった。そして両祖父母は、児童福祉司とソーシャルワーカーに対し「入所への不満」をずっと話していた。

4 初回面会～入所3か月

月1回の乳児院内での面会と、脳外科への月1回の通院時に両親と男児との面会は行われており、父からは「どうせ返してくれないんだろ」といった発言がみられるようになった。

このころのソーシャルワーカーの対応は、両親と男児との愛着関係に配慮し、面会時は少しでも両親にかかわってもらえるよう取りはからっていた。

そして、児童福祉司が頻回に両親と面会し、弁護士を立てて争うことなく乳児院措置への同意が得られた。その結果、面会が自由に行えるようになった。

5 関係者会議　入所4か月目

　乳児院入所の同意が得られたことで、自宅引き取りの方針が児童相談所から強く打ち出された。しかしソーシャルワーカーとしては、両親が児童相談所の指導に従うことは理解できたが、不適切な養育もしくは虐待に至った経緯や原因についての言及が全くないため、自宅引き取りの方針に異議を唱えた。

　そこで関係機関を集めた第1回目の関係者会議を開催。参加者は児童相談所（所長・主任児童福祉司・担当児童福祉司・虐待対応員・心理士）、保健所（地区担当保健師3名・子育て支援担当保健師3名）、子ども家庭支援センター（保健師1名・相談員2名）、保育園保育士2名、警察（生活安全課2名）、大学病院（ソーシャルワーカー1名）、当院（院長、担当小児科医、病棟看護師長、保育主任、担当保育士、ソーシャルワーカー）の合計25名であったが、それぞれの意見を述べたにすぎず、全くまとまりがないまま3時間近く開催され、結論に至ることはなかった。

6 入所5か月目〜入所1年

　面会が自由になったあと、両親は1回会いに来ただけで来院することはなくなった。しかし脳外科への外来通院時には両親そろって来ていた。その通院も6か月目からは3か月に1回に変わることになり、面会の頻度は減ってしまった。ソーシャルワーカーに対して、両親は「病院は近いから行けるけど、乳児院は遠いので行けない。お姉ちゃんがいるから電車では行けない」と話した。

　ソーシャルワーカーは児童相談所に面会のあり方について相談し、毎月1回、担当児童相談所で面会することになり、ソーシャルワーカーが男児を連れて行くことになった。

　児童相談所での面会は、今までの乳児院との面会とは異なり、両親ともとてもリラックスして面会を行っており、担当児童福祉司と

の会話も普通であった。乳児院への攻撃的な言動とは全く異なる様子であった。

ソーシャルワーカーとしては、今まで男児と両親の関係性や育児支援を行うプランを考えていたが、面会の様子から関係構築から始めなければならないと思うに至った。しかし児童相談所の対応から、乳児院に来院してもらい、そこで関係構築や育児指導を受けてもらうことは困難と判断した。せめて児童相談所での面会では、良好な関係を築けるよう目標を変更し、面会のたびに両親との育児を通しての関係構築を図った。

関係機関間の動きは、自宅引き取りを進める児童相談所に対し、乳児院を中心とした関係機関が引き取りを反対するという構図ができあがってしまった。よって関係者会議は開かれることなく、電話等での意見交換となってしまった。

7 入所1年目

1歳6か月検診で、発達の遅れが指摘され、児童相談所を介して両親に伝えてもらった。

そこで、両親は乳児院という環境で養育されているので発達が遅れたと主張し、今後引き取らないので、責任をとって一生施設で生活させろ、措置にかかわる費用も出さないとの意見を児童福祉司へ伝えてきた。これをきっかけに、月1回行っていた面会も両親が拒否するようになった。

これを受けて2回目の関係者会議が開催された。参加者は児童相談所（所長・主任児童福祉司・担当児童福祉司・虐待対応員・心理士）、保健所（地区担当保健師3名・子育て支援担当保健師3名）、子ども家庭支援センター（保健師1名・相談員2名）、保育園保育士2名、警察（生活安全課2名）、大学病院（ソーシャルワーカー1名）、当院（院長、担当小児科医、病棟看護師長、保育主任、担当保育士、ソーシャルワーカー）の前回同様25名であったが、今度

は自宅引き取りができなくなった責任を追及するような話し合いになってしまった。今後の方針についての話し合いであったはずだが、参加者それぞれの支援プランもしくはその支援期間についての共通理解がなく、検討のしようもなかった。

8 入所1年半

　両親は全く面会に来なくなり、脳外科の受診にも現れなくなった。
　2歳を迎え、遅れは顕著となり、処遇方針は「知的障害児施設」への入所となったが、3歳までは入所できないため、施設の空き待ちを乳児院で行うことになった。

9 入所2年半

　年齢超過児扱いになったため、いったん児童養護施設へ措置されることになった。両親は児童養護施設への入所の同意はしたものの、移動時にも同行しなかった。

スーパービジョンの実際

メンバー：家庭支援専門相談員について教えてください。

提出者　：ファミリーソーシャルワーカーのことで、平成11年に児童養護施設に設置できるようになった職種のことです。その後乳児院でも家庭支援専門相談員を設置できるようになったんです。私が転勤したときには、まだ全国でも数人しか乳児院に家庭支援専門相談員はいませんでした。

メンバー：設置できるようになるまでは、ケア会議への参加や家族対応などは誰が行っていたのですか？

提出者　：面会に来た家族の対応は、普通はその子どもの担当保育士さんが行っていました。対応が難しい家族や関係機関との対応は主任保育士さんや施設長が行っていました。関係機関を交えて行われるケア会議はほとんど行われていなかったんです。そして担当児童福祉司が児童相談所内で決めた処遇内容を乳児院に伝えるという流れだったので、乳児院職員が何か意見を言うということはあまりなかったと聞いています。

しかし虐待ケースなど処遇困難ケースの増加に伴い、関係機関を交えてケア会議が開催されるようになったんです。それでも、ケア会議に乳児院職員は呼ばれたことはほとんどなかったと聞いています。ケア会議開催前に、担当児童福祉司が乳児院で面会をして状況を把握したり、電話で乳児院に問い合わせした内容をもとに、児童福祉司をはじめとした児童相談所職員が参加してケア会議を開催していたんです。

話しながら気づいたのですが、ケア会議などで自己紹介するときには「ソーシャルワーカー」と当たり前のように名乗っていたけれど、参加者には私がどういう仕事をする人なのかわからなかったかもしれないですね。そもそもケア会議に当然参加するものだと思っていたソーシャルワーカー自身の行

動も周りからすると、珍しく受け取られていたのかもしれません。

メンバー：入所当初、児童相談所はこのケースに対してどのようなアセスメントをしていたのですか？
とにかく入院先の医療機関から「早く子どもの受け入れ先を決めて退院させてほしい」という意向に添って、動いているだけのようにみえますが。

提出者　：とにかく、虐待されていた子どもが入ってくるということだけで頭がいっぱいだったんです。まず乳児院で受け入れられるかどうかの身体的な情報を入手することが必要と判断しました。また虐待で分離する親子なんだから、乳児院に入所したら当面入所しているだろうと、勝手に判断していたところもあったかもしれないです。事実、普段なら担当児童福祉司に必ず確認している「その子どもの乳児院入所期間」を聞いていなかったんですよね。その子どもの乳児院受け入れのことばかりを考えていたんです。

メンバー：入所当初、家族との面会に児童相談所がかかわっていたんですよね。面会時の対応について、乳児院は児童相談所との打ち合わせなどは行っていたのですか？

提出者　：一時保護委託の間は、ケア会議も開催されず、児童相談所との打ち合わせもないままになっていました。その後、関係者会議が開かれたんですが全くまとまらない会議で、児童相談所の処遇会議で決まったことを集まった関係者に伝えるという感じの会議だったんです。参加した関係者の意見をまとめるような場ではなかったんです。それどころか、会議を開催すればするほど関係機関は分裂してしまいました。児童相談所の示す自宅引き取り方針と乳児院および保健師が考えている施設入所継続とに意見が二分されてしまって、全く平行線のままで時間が過ぎてしまいました。1歳半を過ぎるころからはケア会議の開催は全くなくなってしまい、どうしたら建

7　乳児院家庭支援専門相談員としてのかかわり
　　〜ソーシャルワーカーの専門性の確認

設的な会議になるのか、保健師さんと連絡を取り合って事前調整をしたり、議事録を作ったりいろいろ試してみましたが、全くダメでした。自分が今まで前職で行ってきた関係機関との連携や話し合いで方針を決めるということが全くできず、またその必要性も児童相談所をはじめ関係機関に理解してもらえず、本当に困ってしまいました。そうこうするうちに、子どもはどんどん成長していくし……。どうしたら支援体制が整えられるのか、全く先が見えなくなってしまったんです。

メンバー：関係機関との連携は？

提出者　：ケア会議だけでなく普段からも連絡を取り合うなど、保健師をはじめ保育園等とは連携していました。でも、その内容は今すぐ退所して家庭引き取りするかしないかの話ばかりでした。この子の将来という長期的な展望については、乳児院の中でも検討したことはなかったし、連携が取れていた保健師とも話をしたことはなかったです。その場の対応だけで手一杯だったと思います。先のことまで考える余裕がないほど、会議がまとまらなかったのです。

メンバー：関係機関ごとに立場も違うわけだから、方針が違うことは当然あります。でもお互い話し合い、役割を分担することで家族支援ができるのではないかと思います。

メンバー：このお子さんは、施設でずっと過ごすことになってしまったのですか？

提出者　：ずっと施設がいいと思っていたわけではなく、自分で虐待から逃げられるようになるまでは施設がいいと乳児院としては思っていたのです。でも結果的に家族と関係が切れてしまいました。

メンバー：その場の対応に追われて、長期的な展望が持てないまま乳児院を卒業してしまったのではないですか？

メンバー：そして施設入所や自宅引き取りだけが支援の目標ではないの

では？

提出者　：子どもの医学的な見立てだけで動いていたところがあったと
思います。

そして家族支援のことも考えないわけではなかったのです
が、家族全体のことまでは理解できるほどの情報も児童相談
所からはもらえていなかったし、乳児院で家族へのかかわり
についてなにがしかの役割を担うほどの話し合いもできてい
ませんでした。何よりも、面会に来てもらえなければ家族と
話をすることもできなかったのです。でも児童相談所から家
族には、乳児院が子どもを返さないと言っていると伝わって
いたので、家族との関係作りができなかったのも仕方がな
かったのではないかとも思います。

メンバー：虐待など、難しいケースほどソーシャルワーカーとしてのア
セスメント力が問われるのだと思いますよ。

提出者　：本当にアセスメントが全くできていませんでした。入所、家
族との面会、ケア会議、退所の方針など目の前の出来事に振
り回されていただけだと思います。子どもがどんどん成長し
ていくので、発達に応じたかかわりや成長の様子を家族に伝
えるなど、随時アセスメントをし続ける必要があったんで
す。子どもの発達を視野に置いたアセスメントをする必要が
あったのですね。

そして、関係機関とも、入所時、再統合期、退所時とその時
期によって役割が変わっていくことを理解したうえで連携を
持つ必要があったと思いました。

スーパーバイザーからのコメント

　乳児のけがの状況からみて、明らかに何らかの虐待と判断せざる
を得ない状況で、家庭引き取りとはせずに乳児院措置となった。当

7　乳児院家庭支援専門相談員としてのかかわり
　　〜ソーシャルワーカーの専門性の確認

初、家族はこの措置を不服として家庭引き取りを強く求めたが、その親の意向は聞きとどけられなかったために、親との良好な関係が構成しにくいこととなっていった。親の対応に苦慮し、家族の再統合につながらないなかで、ワーカーは何とかもがきながら乳児と両親との面会の継続を支援したが、発達に遅れがあると告げたことから、面会拒否となってしまった。それでもソーシャルワーカーは今までの経験を活かし、少しでも関係機関との連携を取ろうと努力を重ねていったケースである。

　子育て支援は、家族全体を支援することになるため、おのずと関係機関も多くなる。その多くの関係機関連携の構築、ネットをかけることがソーシャルワーカーの大きな役割の一つである。さらに支援体制を整えていくためには、エコマップを作成することも一つの方法である。エコマップを作成することで、複雑な人間関係のアセスメントや家族と関係機関のかかわり、そしてそこに生じている課題等についての整理が可能になる。これはケース全体を俯瞰的に見ることにもなる。このケースの場合、エコマップを活用することで関係機関それぞれの役割を明確にし、関係者会議での建設的な意見を導き、新たな関係機関連携の糸口にもなったのではないかと思う。

提出者の振り返り

　乳児院にまだ家庭支援専門相談員が少なく、入所している子どもも虐待ケースとして対応されている子どもがまだ少なかった。そのような状況であったため、自分の置かれている状況を理解してソーシャルワーカーとしての立ち位置から家族支援の重要性を周りに理解してもらう必要性を痛感していた。相談できる仲間がいなくてとてもつらかった。事例を提出し検討してもらうことで、自分のことを理解し、受け止めてもらえ、本当に癒してもらったと感じた。そ

して何よりもメンバーの一言一言に多くの気づき、そしてあたたかさを感じ、元気になって帰宅できた。

ケース対応から理解できたことは、医療機関と乳児院の違いであった。今まで医療機関に勤めていたソーシャルワーカーとして、医療機関の意向が尊重されない状況にあったことがなかったため、医療機関の意向と全く別の動きをする児童相談所の動きにソーシャルワーカー自身がとても戸惑っていた。しかしこの勉強会で、アセスメントや連携の大切さ、関係機関との役割分担など、ソーシャルワーカーの基本的な対応が不可欠であったことが理解でき、ソーシャルワーカーはどこで勤務してもソーシャルワーカーなんだということに改めて気づかされた。

当時を振り返ってみれば

一人職場、相談する人もいない。自分の状況を理解してくれる人がいない。そういう思い込みにとらわれていた。この勉強会でのメンバーからの発言にはブレがなく、ソーシャルワーカーとしての視点に裏付けされたものであった。これからも新しい問題や、今まで連携を組んだことのない関係機関との連携など、社会が変わっていくなかで同じような状況に陥ることはたくさんあるだろう。そのような状況にこそソーシャルワーカーが介入し、課題解決に頑張れるのだと思う。その力をこの勉強会でもらえたのだと思う。

対象となる本人のこと、その家族、そしてその家族を取り巻く関係機関と、多角的な理解が必要であった。また、時間の経過とともに状況が変化すること、そのたびにアセスメントしなおすこと、どの事例にも共通することがわかっていなかったと改めて反省している。

今になって振り返ると、その当時もがいていた自分は、施設入所の継続か自宅引き取りか、自宅引き取りなら家族指導をしなくて

は、という思いでいっぱいだったことを思い出した。どちらの結論であっても家族支援は必要であったということが今なら理解できる。しかし当時は、家族指導＝自宅引き取りという思いにとらわれていた。

　問題を抱えているケースは、継続的な支援が必要だと頭では理解できていても、実際は結論を導くための、もしくは結論にたどり着くための支援ばかりを考えていた。支援をし続けることでたどり着ける帰着点もあるのではないかと今なら思える。

　「児童虐待」という話題性があり、対応困難で家族への理解も難しいという思い込みのなかで本当にもがいていた。このグループスーパービジョンで客観的に事例を見ることができたことは、その後の自分自身のソーシャルワーク実践に大きな影響を与えている。例えば、もがくようなケース、自分がつらいと思うケースについては、エコマップを使って俯瞰的にとらえなおすことや、関係機関や家族の視点から考えてみることが必要であること。そして、その手法を自分の日々のソーシャルワーク実践のなかにも取り入れることができたのではないかと思っている。経験を積んでいけばいくほど、その手法の大切さに気付くとともに、このグループスーパービジョンでの経験に感謝している。

8 介入を望まない高齢者への アプローチ

〜いかに心の扉をひらいていくのか

提出者のプロフィール

● 民間の総合病院のソーシャルワーカー　● 女性（経験20年）
● 院内にソーシャルワーカーは2名配置

事例提出理由

　地域包括支援センターより、訪問看護を導入して環境整備を行いたい世帯であるが、介入を望まず、障害もある高齢親子なので、事前の家庭訪問に同行してほしいという依頼があった。病院内で働いていると地域における生活実態を把握することは難しいが、この事例を通じて高齢者・障害者宅を訪問し、その生活実態に驚かされた。

　支援計画を立てるため、地域包括支援センターにより地域の関係者が集められたが、介入を望まないクライエントにより支援方針を立てることの難しさに直面した。

　地域包括支援センターの会議では、Ａさんの居住環境を整えることが話し合われ、病院も地域貢献できるのではないかと、積極的に参加した。しかし本人が望まないという壁にぶち当たってしまった。

　心進まざるＡさんに対し、取り囲む支援チームがどうかかわるか、その開発方法の検討を希望し提出した。

援助経過

1 クライエント

Ａさん、60代、男性　脊髄損傷による下半身麻痺
介護度４　身体障害者手帳２級
母親、80代、認知症またはその他の精神疾患（未受診）

2 生活状況

　病院から徒歩５分ほどの場所にある古い１戸建てに居住している。父親は会社の支店長であったが、10年前に亡くなっている。Ａさんは大学理工学部を卒業後、大手企業に就職するも２年後には退職し、現在まで就労せずに至っている。地域住民とのトラブルはなく、午前３時に就寝し起床は翌朝の８時という生活であるという。母親は腰まで伸びた長い髪を束ねてくたびれた服を重ね着している姿を院内で見かけたことがあった。

3 クライエントとなった経過

　Ａさんの受傷は３年前、自宅の床が崩れて転倒し脊髄損傷となった。大病院志向のため国立病院に入院した。入院時腎機能低下が指摘されたが入院の目的が違うと治療を拒否し、リハビリも十分に行わず、シャワー椅子・歩行用シーネ・ポータブルトイレを持たされ退院したまま経過している。当初歩行はなんとかできていたが徐々に低下し、室内を這っての移動になった。近隣との交流はなく、唯一交流のあった人が町会長であり、その尽力により要介護認定を受け、訪問介護を利用している。しかしヘルパーが台所の崩れた床でけがをしてしまい、台所は補修したものの、まだ環境整備は不十分である。ヘルパーより「けがまでして訪問しなくてはいけないの

か?」という疑問がケアマネジャーに投げかけられたことを契機
に、地域包括支援センターが心身の問題・居住環境などさまざまな
課題を抱えているこの世帯にどのように介入していくか関係者で話
し合うことを計画した。日頃連携のある病院の訪問看護が今後利用
される可能性があることを考慮し、会議の参加を依頼された。会議
に先だち、家庭訪問にも同行した。

4 家庭訪問

　当日は、地域包括支援センターの担当社会福祉士とケアマネ
ジャーとともに訪問した。

　家屋は蔦に覆われ、玄関わきには長年乗られていない古い車が放
置されている。玄関に並んで風呂場が家屋とは別にあり、使用して
いる様子は見られなかった。室内に入ると台所の床は改装されてい
るが、隣室のAさんの部屋の床はところどころ崩れ、梁を伝って歩
き入室した。Aさんは布団に横臥し枕元にゆでた人参とジャガイモ
が添えられた鶏肉どんぶり飯が置いてある。母親も隣室にいるが襖
が無く壁の隙間から空が見えている。

　Aさんからは医学専門用語が次々出てくる。家屋の話になると
「この家の柱はしっかりしている。今困っていることはない」と言
い問題認識はない。母親は「誰か人が来る。隣人が塀を壊した」と
妄想めいた発言をした。途中親子は甲高い声で口論になり、環境整
備の話などとてもできる状態ではなく、様子を見て退出した。

5 会議開催

＜メンバー＞
・地域包括支援センター社会福祉士
・居宅介護支援事業所ケアマネジャー
・訪問介護事業所責任者

・町会長

・民生委員

・病院ソーシャルワーカー、訪問看護師

＜会議の要約＞

　初めての会議であり司会は地域包括支援センターの社会福祉士が担当した。

　訪問介護事業所より「ヘルパーがけがまでして訪問しなくてはならないのか？　今年の冬まで家がもつのか心配である。周囲からも環境の整備をしてほしいという訴えがある。何とかできないのか？」という声があがる。さらに「Ａさんの病状と母親の認知症など心身の状態から、訪問看護師や保健師の介入が必要である」というケアマネジャーの問題提議がなされた。しかしＡさんは自身の置かれている環境への問題意識がなく、さらに大病院志向のため訪問看護は希望しないだろうと予想され、介入の難しさが話し合われた。しまいに会議の参加者から「ニーズがないので介入しなくてもよいのではないか」という意見も出てしまった。結果ヘルパーは今までと同様に食事サービスを提供し、ケアマネジャーが少しずつ様子をみながらＡさんにアプローチする方針を決めて会議は終わった。同様に病院に関してもＡさんが訪問看護を望まないだろうということで、具体的方針が決まらなかった。

スーパービジョンの実際

メンバー：病院にいると在宅での生活を知ることは少なく、大学の実習で生活保護世帯を訪問しただけです。事例の世帯はすごい生活ですね、正直驚きました。

提出者　：たしかに病院にいると在宅での生活実態がわからないことがありますよね。

メンバー：以前脳梗塞後の軽い片麻痺の女性で、入院生活に問題はな

く、一人暮らし可能ということで退院した生活保護受給中の50歳台の方がいました。退院後しばらくして福祉事務所の担当者から、「生活管理ができなくなっており家の中は乱雑である。ベッドを入れ環境を整備し、訪問看護も導入したい」という連絡がありました。家庭訪問してみると、小銭が散乱し、不用品の山。管理された入院生活では気が付かなかった認知機能の障害があるのだと思われました。ケアマネジャーと片づけてみましたが、とても無理となり業者を依頼することになった事例がありました。入院中の様子だけで、本人の生活を知るのは無理だと思いました。

メンバー ：地域連携室などが作られていますが、病院のソーシャルワーカーが直接出かけることは少ないかもしれません。

メンバー ：入院期間も短くなっていますし、自宅まで訪問することは少ないですね。でもだからと言って、在宅生活を知らなくて良いとは言えないですよね。

メンバー ：家族や関係者から情報を得るようには心がけていますが、実際目にするのとは違うかもしれませんね。

バイザー ：病院は地域関係者からみたら閉ざされたお城にみえるのかもしれませんよ。

メンバー ：お城ですか……。

メンバー ：入りにくく、中で完結しているということでしょうか。中と外に壁があるという。

提出者 ：今回、全体的に把握することの難しさを改めて感じました。

メンバー ：Aさんの事例はヘルパーの「けがまでして行かなくてはいけないのか？」という問いかけに、何とかしなくてはと動き出したようですが、このように本人から訴えがない場合でも積極的に介入できますか？

バイザー ：地域包括支援センターの役割として、地域で暮らす高齢者の「ニーズの発見機能」、「相談連結機能」、「予防機能」がありますから、潜在しているニーズに積極的に介入するアウト

リーチが求められていますね。

メンバー：しかし、この事例のように訪問を拒む場合はどう対処していけばいいでしょうか？

メンバー：閉まっているドアをどのように開けてよいかわからないということがありますよね。拒否されるというケースも多いですし。

バイザー：利用者さんにとって家の中に人が入るのはプライバシーの公開というふうに感じることがあります。そうしたことに慣れないため、拒否的な感情が生じるときは、ヘルパーは入れないけれどデイサービスの通所は利用したい、といったサービスの利用からかかわりが始まることもあります。

メンバー：「アウトリーチ」の必要性はわかるのですが、最近は個人情報保護などがあり介入はさらに難しくなっていますよね。

提出者：この事例の場合は床の梁に板を渡して移動するような危険な家屋であり、実際にＡさんは脊髄損傷になってしまいました。ヘルパーも落ちてけがをしてしまった。Ａさんは食事の確保のため台所だけは直し、ヘルパーを受け入れましたが、ヘルパーの「けがまでして行かなくてはならないのか？」という問いかけを契機に、ご本人と母親の心身の状態、住宅環境などの多問題が表面化してきたのです。

そして、地域包括支援センターがさらに深くかかわることを決め、在宅にかかわるにはチームワークを必要としたので病院にも声がかかってきたということでしょう。

メンバー：Ａさんは問題を認識していないし「困っていない」のですが、これをニーズがないと言いきってしまってよいのでしょうか？　ソーシャルワークの対象となる人には子どもや障害者や、この事例のような高齢者など、自分の状況が認識できなかったり、訴えられない人が多いと思いますが。

提出者：私もそう思っています。生活環境は劣悪でありニーズがないと言いきれないのではないか。ご本人は現状に困っておら

第2章　苦しみやつまずきを乗り越えるグループスーパービジョンの実際

109

　　　　　ず、問題の認識はなく要求もありませんが……。

メンバー：ニーズのとらえ方が会議の参加者の間で異なっているのでしょうか。

メンバー：ああ、ニーズとディマンズは違うというような？

バイザー：ニーズは、本人が感じているものと専門家が把握しているものに分けることができますよね。このケースでは、本人が感じているニーズ、つまりフェルトニーズはみえにくいですが、専門家が把握しているニーズは明確です。ディマンズは本人の要望で、ある意味本人が「こうしたい」、「こうなりたい」という願いとも言えます。そう考えるとディマンズとフェルトニーズはほぼ同義と考えてよいでしょう。ソーシャルワーカーは、アセスメントをして支援計画を立てていくという流れのなかで、ともすると「問題は何か」、「解決するにはどういう支援が必要か」という視点に陥りがちですが、まずは「その方はどうしたいのか」、「何を願っているのか」という利用者のディマンズが大切ですよね。

メンバー：そうすると、この事例は劣悪な環境や生活状況などからみると、専門家としてニーズがあると判断するということですね。

提出者　：そうですよね。そこは非常にスッキリと理解しました。しかし、本人の願いを大切にするというのならば、余計に、このようにサービスを拒む事例はどうかかわっていけばよいのでしょうか？

バイザー：心進まざる利用者の心の扉をいかに開けるか、その方法を少し整理しましょう。

　　　　　まず、食事サービスの利用は受け入れやすい支援の一つです。食事は高齢者の心を開く手段になります。食事サービスが真っ先に入った事例も多くあります。

　　　　　二つ目は、エモーショナルコミュニケーション、フィジカルコミュニケーション等によって、こちらの優しさや気持ちが

8　介入を望まない高齢者へのアプローチ
　　～いかに心の扉をひらいていくのか

伝えられるかを考えましょう。高齢者は長年の習慣を崩せないし、生活者としての主体性を尊重し、若い頃にできたことができなくなるなどの心を共感することが大切でしょう。母が子にかかわるような優しさを届けるかかわり方もあるでしょう。

三つ目はその方のそれこそ「願い」をとらえることが必要ですよね。やりたいことやできることがあるのか、どこからやるのか、なければ待つことも必要です。例えば庭造りが好きな人には庭の草取りをしながら長い時間をかけてかかわることができたという報告がありました。特に高齢者の支援には「創意と工夫」が大切でしょう。

メンバー ： そういえば、以前病棟で認知症の高齢者とコミュニケーションをとるため、ご家族から「本人は花が好きでよく庭いじりをしていた」という話を聞いていたので、病室に置かれていた窓際の鉢植えの花を話題に「お花好きですね」と声掛けすると表情が変わり少し話ができるようになったことがありました。

提出者 ： なるほど。以前認知症についてまだ理解していなかった頃、不穏の認知症高齢者には童謡を聞かせるとよいと聴いたので、病室で困っていた高齢者に聞かせたのですがそれはあまりうまくいかなかった（笑）。

メンバー ： 生活歴を知ったうえで、創意工夫し試行錯誤の繰り返しですね。

提出者 ： それにしても、事例のような会議は初めてだったのでどうかかわるべきかわからず、白紙の状態で臨んでみたのですが、貢献できる意見を述べることはできませんでした。地域での関係者の会議はどうあるべきなのでしょうか。病院が閉ざされたお城にならないために、ソーシャルワーカーは会議の中でどう動くべきでしょうか。

バイザー ： 地域での連携を考える場合、支援方針・設計において、誰が

一番良いコーディネーターかを選ぶ必要があります。これはと思った人に働きかけるという方法も有効でしょう。それには地域の中にアンテナを張らないといけないし、在宅福祉のしくみを作ることも必要です。したがって、関係者のマネジメントとファシリテーターとしての技量が必要な場合があります。

提出者　：ファシリテーターですか？

バイザー：促進者とか、状況整備者と言いますね。その集団が自分たちで問題を解決できるように、条件を整備したり行動を促進したり。グループワークや会議運営で多く使われている技術ですね。

メンバー：このように地域の会議をうまく動かしていくといったことも、ファシリテーターとしてソーシャルワーカーに期待されているんですね。

提出者　：一度だけの訪問の事例ですが、何の心構えも持たず正直手も足も出ない印象でした。しかし今日のスーパービジョンで、最もソーシャルワークの支援を必要としている事例であるということに気づかされました。また、地域やそこで行われる会議でソーシャルワーカーが果たす役割についても考えることができました。

スーパーバイザーからのコメント

　この事例では、病院のソーシャルワーカーの地域における役割、支援を拒むクライエントへのかかわりの工夫、チームとしての動きを作り出す力など、多くの学びがあった。

　まず、病院も地域の一員として病院の中だけにとどまらない支援が求められており、当然ソーシャルワーカーにも地域のメンバーとしての役割が付加されてくる。病院が「閉ざされた城」にならない

8　介入を望まない高齢者へのアプローチ
　　〜いかに心の扉をひらいていくのか

ようにしなければならない。

　また、支援を拒むクライエント、心進まざるクライエントは、専門職には支援が必要にみえても、本人はその必要性を感じていなかったり、支援内容がわからないといったさまざまな理由で拒むことがある。この場合、支援者側が出向き、働きかけ、信頼を得るといったアウトリーチが必要になる。そして心の扉を開けるには、生活の主体者としての本人の生活習慣を大事にしながら、場合によっては待つことも求められる。

　そして特に地域などの会議においては、ファシリテイトを意識していく。自分が動くのではなく、利用者の主体性を大切にしながら一緒に動いてくれる人を見つけ、連動することを進めていく必要がある。

　地域への支援、地域とのかかわりが欠かせない今、ソーシャルワーカーの役割はますます多様になっていく。

提出者の振り返り

　病院のソーシャルワーカーが地域と連携して在宅の方へ直接かかわる機会は多くはない。高齢者の生活実態は知識として理解していたが、実態を目の当たりにして言葉を失ってしまった。また、自分は高齢者にかかわる仕事についてきたが、教えていただいた高齢者との1対1のコミュニケーションづくりはほとんどなかった。家族や関係機関でかかわる機会が多く、コミュニケーション力の低下を理由に高齢者とかかわることが少なかったと反省している。

　また、この事例を通し、「ニーズがない」といってクライエントとのかかわりをあきらめていなかったかと振り返り、クライエントには時間をかけて向き合うこと、創意工夫して働きかけていくことの大切さを改めて学んだ。

　さらに、会議を実効性のあるものとして進行するにはファシリ

第2章　苦しみやつまずきを乗り越えるグループスーパービジョンの実際

113

テーターとしての役割が非常に重要だということも学べた。

今回の事例はグループスーパービジョンのメンバーである病院の
ソーシャルワーカーにはあまりなじみがなかったため、メンバーの
意見も少なかった。そのためバイザーの講義、教育的スーパービ
ジョンの要素が強かった。

そういう意味でも、スーパービジョンは日頃実践に集中するあま
り不勉強となってしまい、ともすると情緒的になりがちな支援を理
論的に引き戻してくれるのだと実感した。

当時を振り返ってみれば

数年後、事例提出者は病院の相談室から複合施設の総合相談室に
転職することになった。複合施設では相談室でのケースマネジメン
ト、生活支援センター運営のため地域関係会議の開催、機関の代表
として地域のネットワーク会議に参加するなどさまざまなネット
ワーク作りに関与し、定期的に開催されるケア会議のファシリテー
ターを担った。

具体的にはケースマネジメント担当として、①会議の設定のため
各メンバーへの連絡調整、②開催された会議においては各メンバー
の意見を求め、課題の焦点化とディスカッションを深め、③まとめ
と方針決定を行った。

このスーパービジョンでも指摘があったように、病院は「閉ざさ
れた城」になりがちである。ネットワーク会議に参加することによ
り、地域の各機関と横のつながりを育み「顔見知り」の関係を築く
ことができるのだと実感している。

初めて地域のケア会議に出席して右往左往していた頃から数年が
経過し、今自分が会議を進行する立場になって、知識と経験、そし
て実践の振り返りとそこから得た反省が自分を育ててくれたのだと
感じている。

8 介入を望まない高齢者へのアプローチ
〜いかに心の扉をひらいていくのか

9 チームアプローチを 進めていくために

～私は何をすればよいのか

提出者のプロフィール

● 住民参加型在宅福祉サービスのコーディネーター（経験2年）

事例提出理由

　提出者の勤務している住民参加型在宅福祉サービスが、難病をもった女性を支援することになった。多くの機関がかかわっており、○○区役所がケースマネジャーを行っている事例である。支援開始に伴い、提出者もチームの一員として加わることになったのだが、カンファレンスに出席するたびに「これで良いのか？」という疑問、「なんとかしたいけれど、どうしたらいいのだろう」という思いが強く残ってしまう。

　なんとか方向を変えたいのだが、自機関は最後にチームに加わっており他機関と比べて支援の経過が短い上に、自分自身もケースマネジメントに加わるのが初めてで、どのようにチームに働きかけていけば良いのかわからない。自分の立場でやるべきことは何なのかについてアドバイスをいただきたいと思い、事例を提出した。

第2章　苦しみやつまずきを乗り越えるグループスーパービジョンの実際

115

援助経過

Aさん、40代、姉御肌で面倒見がよかった。

病　　名：多発性硬化症、でん部に褥瘡と白癬あり。

家族状況：夫（40代）、長男（中学生）、長女（小学校低学年）

経　　過：一昨年7月の発症時はパート勤務をしていたが、足の硬直が起きたため退職。10月にA大学病院受診。昨年2月入院し、多発性硬化症による右片麻痺の診断を受ける。病状悪化時は近医でプレドニンの点滴を受けていた。入退院を繰り返していたが病状が進行し、不全四肢麻痺、膀胱・直腸障害、四肢感覚障害となった。昨年4月の退院後から、ケースマネジャーがついて在宅での支援体制が整う。区役所のホームヘルパーと他機関のヘルパーで週5回のホームヘルプを担当していたが、他機関のヘルパーは交代が頻繁で定着しなかった。今年4月から住民参加型在宅福祉サービスである当機関がヘルパー派遣を担当することとなった。

ADL等：室内はいざり。日中は長座位で過ごす。おむつは介助。時間をかければかろうじて自力交換可能。更衣一部介助。家事はできず、ヘルパーが家事援助を行っている。家事援助の指示はクライエント。

　　　　1DKの賃貸アパート1階で4人が暮らしている。居室について、日中はほとんど本人が一人で過ごしており、また本人部分と家族部分の区分はできない。また居室は1階ではあるが、玄関前に大きな段差があり、外出が難しい。風呂はユニットバスがあるが、狭くて手すりの取り付けなどができないため入浴はできない。ヘルパーがシャワー浴と清拭で清潔を保持している。なお、アパートは建て替えが決まっており立ち退き予定。

　　　　隔日で治験薬を夫が注射している。

家族関係：当機関のヘルパーからの情報によると、以下の通りである。

子どもの前で夫を「タコ」とよび、ののしる。夫と離婚したいと度々口にする。夫に自分の貯金を隠す。元調理師の夫の作った食事を捨て、子どもたちにも食べさせない。しかし、夫に注射してもらっているときは、何も言えずにいる。

子どもに対してもきつい言葉かけをすることが多い。おむつ交換は長男の役割で、生理中でも交換させる。夕食はコンビニの弁当。2個を3人でわける。子どもの栄養状態が懸念されるが、クライエントは「栄養は給食で取れているから大丈夫」という。

関係機関：以下の通り

サービス	機　関　名	頻度	担当者等
ケースマネジメント	区役所	随時	保健師（ケースマネジャー）
医療	A大学病院	月2回	医師、医療ソーシャルワーカー（主治医）
	B病院	随時	医師、看護師、医療ソーシャルワーカー（近医）
	C皮膚科	往診	医師（褥瘡ケア）
訪問看護	D訪問看護ステーション	週3回	看護師（褥瘡ケア、排泄介助）
	B病院訪問看護	週3回	看護師（褥瘡ケア、排泄介助）
	区立福祉センター	随時	理学療法士、作業療法士（リハビリテーション相談）
	区役所	週2回	ヘルパー、地区担当ケースワーカー

訪問介護	住民参加型サービス	週3回	ホームヘルパー、コーディネーター（提出者）
	緊急介護人	随時	近所の方（通院）
訪問入浴	F事業所	週1回	入浴サービス
その他	移送サービス	随時	通院時
	友人	随時	生活全般

◆ **参加カンファレンスの内容**

　3か月に一度カンファレンスが定期的に開かれていた。すでに支援開始から1年経過しており、提出者はメンバーとして第5回目より参加している。

第5回
　メンバー　区役所：保健師（ケースマネジャー）、地区担当ケースワーカー、ヘルパー
　　　　　　B病院：看護師
　　　　　　D訪問看護ステーション：管理者、看護師
　　　　　　区立福祉センター：理学療法士、担当係長
　　　　　　訪問入浴：担当者
　　　　　　住民参加型サービス：コーディネーター（提出者）
　議題　ヘルパーの派遣回数について、室内移動の方法について、陰部の清潔保持について
　目標　①外出できるように、住宅改修と機器の利用を行う。
　　　　②おむつの自力交換の回数を増やすため、クライエントに指導する。

第6回
　メンバー　区役所：保健師（ケースマネジャー）、地区担当ケー

　　　　　　　スワーカー、ヘルパー
　　　　　　Ｂ病院：医療ソーシャルワーカー、看護師
　　　　　　Ｄ訪問看護ステーション：管理者、看護師
　　　　　　区立福祉センター：理学療法士、担当係長
　　　　　　住民参加型サービス：コーディネーター（提出者）
　議題　家族関係の悪化（夫への態度、子どもへの接し方）、子ど
　　　　もたちの栄養不良
　　　　褥瘡の再発、外出につなげられない
　目標　①褥瘡の悪化を防ぐため、おむつの自力交換を促す。
　　　　②外出につなげるために、再度理学療法士の指導を行う。
　　　　③食事への関心を高めるため、外出介助を買い物に結びつ
　　　　ける。

第7回
　メンバー　区役所：保健師（ケースマネジャー）、地区担当ケー
　　　　　　スワーカー、ヘルパー
　　　　　　Ａ大学病院：医師、地域連携担当看護師
　　　　　　Ｂ病院：医療ソーシャルワーカー、看護師
　　　　　　Ｄ訪問看護ステーション：管理者、看護師
　　　　　　区立福祉センター：理学療法士、作業療法士、担当係
　　　　　　長
　　　　　　訪問入浴：担当者
　　　　　　住民参加型サービス：コーディネーター（提出者）
　議題　転居の決定（立ち退きのため）、体調の悪化、子どもの栄
　　　　養不良（長男の貧血）
　目標　①転居後は、車椅子で室内の移動ができるように環境整備
　　　　を行う。
　　　　②転居後もサービスが円滑に提供できるよう、調整を行
　　　　う。

スーパービジョンの実際

メンバー ：これはまた、たくさんの人間がかかわっていますね。このな
　　　　　 かでのあなたの役割について教えてください。

提出者　 ：ホームヘルパーを派遣する機関のコーディネーターとして、
　　　　　 まずホームヘルパーが確実に派遣できるようにマッチングを
　　　　　 しています。また、2週間から1か月に一度くらいの頻度で
　　　　　 訪問しながら、ヘルパー、クライエント双方から話を聞き、
　　　　　 業務内容などについて調整をしています。ケースマネジャー
　　　　　 や他機関との連絡も私の仕事です。

メンバー ：どうしてそちらが担当することになったの？

提出者　 ：ご本人には細かいルールが多く、思った通りにいかないと大
　　　　　 声で怒るということもあり、他機関ではヘルパーが数回で辞
　　　　　 めてしまうといったことが繰り返されていたようです。

メンバー ：で、そちらでは定着しているの？

提出者　 ：最初の2人はご本人から「気が利かない」と言われて交代に
　　　　　 なってしまいました。そのあとのヘルパーは年配の方なので
　　　　　 すが、ご本人を受け止めるような関係ができていて続いてい
　　　　　 ます。
　　　　　 ですから、チームの中で一応、期待されている役割は、表面
　　　　　 的には果たせていると思いますが。

メンバー ：一応？　表面的には……？

提出者　 ：ヘルパー派遣が定着して生活面は一応安定しているし、清潔
　　　　　 の保持での支援もできてはいます。しかし、ご本人と夫の関
　　　　　 係がよくなく、また子どもの食生活もあまりよくないのに、
　　　　　 そこに入れていないです。特に元調理師の夫が食事を作れる
　　　　　 のに、それを食べないというのがなんとかできないかと思っ
　　　　　 ているところです。

メンバー ：カンファレンスでは、その辺りは？

提出者　　：当初の情報でも、「関係がよくない」という申し送りがあり
　　　　　　ましたし、カンファレンスでも議題に上がります。でも、誰
　　　　　　がどうやってそれを解決するというような話にはならないの
　　　　　　です。

メンバー：で、あなたのプランと支援内容は？

提出者　　：え？　私のですか？　私の担当は、ホームヘルパーによる生
　　　　　　活支援の部分ですから、それを通じてご本人とご家族の生活
　　　　　　を安定させることです。褥瘡の治癒のための部分浴や清拭な
　　　　　　どの身体介護。そしてヘルパーの働きかけを通じて、ご本人
　　　　　　と家族の食生活の改善を図るというのが目標です。

メンバー：それはヘルパーさんとチームには伝わっているの？

提出者　　：はい。それは伝わっています。ヘルパーからも目標に沿った
　　　　　　報告がありますし。カンファレンスでも目標と結果という形
　　　　　　で報告しています。

メンバー：カンファレンスの進め方はどのようになっていますか？

提出者　　：現状報告、問題確認、目標設定という流れです。

メンバー：問題確認と目標設定……ですか？　うーん。

提出者　　：……そうですね。今ご指摘の通り、問題、課題と目標があっ
　　　　　　ておらず、チグハグな目標になっている。これがいつも感じ
　　　　　　る「これでよいのか？」という思いになっているのですね
　　　　　　……。

メンバー：何が支援の焦点なのか、全体の設計が見えない状態ですよ
　　　　　　ね。

メンバー：あなたのところが最後に加わったとのことですが、それまで
　　　　　　に家族の関係について十分にやってきたとか、これ以上進ま
　　　　　　ないからちょっと様子を見ているとか、そういうことはあり
　　　　　　ませんか？

提出者　　：それはないと思います。カンファレンスで「困りましたね」、
　　　　　　「どうしましょう」ということが毎回出ますから。

メンバー：ケースマネジャーはどう考えているのでしょう？

第2章　苦しみやつまずきを乗り越えるグループスーパービジョンの実際

提出者 ：ケースマネジャーが保健師なので、どうしても病気のことを
中心に見ています。生活を支えることよりも、病気を治すと
か、安定させるとかそちらのことが主眼になっています。で
すから、家族間の課題があることはわかっていても、それに
対する支援の方法が浮かんでこないのかなと思っています。

メンバー：あなたがずいぶん苛立っているように感じるなあ。

提出者 ：……ケースマネジメントがうまく機能していないように感じ
ます。正直、ケースマネジャーにはもっと全体を見てほしい
と思っています。……言ってしまってスッキリしました。で
も、私もそう思っているのならなんとかしなくてはいけない
のに。どうしていいかわからないのです。

メンバー：あなたの役割とソーシャルワーカーとしての視点。それとそ
の発揮の仕方かな。

メンバー：立ち位置も含めてということでしょうかね。

メンバー：じゃあ、もう一度、あなたの機関の役割を考えてみて。そう
したらあなたがどう動くかではなく、「ヘルパーがどうアプ
ローチしていくのか」でしょう？　あなたが直接働きかける
ということよりも、チームとしてはそちらを期待しているの
ではないでしょうか。

提出者 ：あ……！私のではなく、機関の役割……。そうですよね。ヘ
ルパーを通して、課題解決をはかっていくということが、私
がやらなければならないことですよね、本来は。わかってい
るのに、というか、わかっていたはずなのにそこが抜けてい
ました。

メンバー：それで、ソーシャルワーカーとしてはどうしたい、どうなっ
たらよいと思っているの？

提出者 ：ご本人や夫が「これからどうしたいか」ということについ
て、もっと聞きたいと思っています。難病をお持ちで、どう
やって生活していこうとしているのか、そしてご夫婦がお互
いの関係をどうしたいと思っているのか。お子さんとの関係

も含めて。もう少し面接をして一緒に考えていけたらいいの
ですけど……。それと、外出や通院を手伝ってくれるご友人
や近所の方との連絡を取りたいということもあります。ご本
人は外出を拒んでいるけれど、近所の方と通院はできている
し、友人も助けてくれている。そこと連携をとっていけれ
ば、もっと外に出るということもできるのではないかと考え
ています。

メンバー：それをあなたが聞くということはできないの？

提出者　：自分がやるというのは、難しいかと。カンファレンスで取り
　　　　　上げて、役割分担をきちんとした上でならできるかもしれま
　　　　　せんが。たぶん機関の役割的に難しいと思います。それにこ
　　　　　れは本来、ケースマネジャーが行うべき役割と考えます。

メンバー：ケースマネジャーにそれを言うことは難しいのでしょうか？

提出者　：それを言ってよいのかどうか……。このチームには私が最後
　　　　　に加わっていて、病院のソーシャルワーカーも、福祉事務所
　　　　　のケースワーカーもいるのに、経験の浅い私が言ってよいの
　　　　　か。ケースマネジャーや他機関との関係を壊さないかと迷っ
　　　　　ています。

メンバー：チームを動かして、ネットワークを作るのもソーシャルワー
　　　　　カーの大事な仕事ですよ。機関同士とチームメンバー間の相
　　　　　互理解がまず必要です。成功例を積み重ねていけば、相互理
　　　　　解も進むのかなとも思いますよ。

メンバー：素直に「方針はどうなっていますか」と尋ねてみたらどうで
　　　　　しょうか？　あなたが機関としての役割を発揮したいからと
　　　　　いうスタンスで。

提出者　：それなら次回聞けると思います。

バイザー：この事例であれば、まず、カンファレンスの持ち方を工夫し
　　　　　たらどうでしょう？　アセスメントを持ち寄り、さらに共通
　　　　　のアセスメントを作成できませんか？　その上で問題を焦点
　　　　　化する。そしてメンバーは、援助の経過、ADLの状態や家族

の状態まで含めてカンファレンスで共有する。今回はどの機関も家族の関係をアセスメントしたけれど、それが目標として上がっていないのです。大事なのは目標の共有化と役割分担を決めることです。そしてそれぞれがどのようなプロセスでかかわっていくかを決め、カンファレンスでそのプロセスを共有することです。

そして家族関係についてもう一度考えてみると、在宅で暮らすための援助の担い手は誰なのか。家族内の支援の役割と家族の支援を考えて夫の役割をもう一度見直す。そしてどうしてその目標設定になっていったのか、フィードバックする必要性があります。

この事例では、事例を提出したソーシャルワーカーに権限がなかったことに、苦しさもありましたね。

スーパーバイザーからのコメント

　行政の総合相談や地域の相談機関では制度に当てはまるか当てはまらないか、サービス利用に結びつくかどうかということがつい優先されて、生活全体を視野に入れてみるということが十分にできていないこともある。ソーシャルワーカーには総合的に生活全体を見る視点が求められる。在宅生活を支え、地域で働くソーシャルワーカーの役割としては、点すなわち担当者同士でつながっているネットワークを工夫して、機関同士のつながりに広げていくこと、つまり面を作ることが求められる。

　そして、それをクライエント一人のためのネットワークにもう一度変えていくということも求められる。

　また、チームが強固になればなるほど、チーム中心の支援にならないか、クライエントからみてどうなのかというチェックが必要になってくる。

さらに、地域で働いている以上「地域」という視点も欠かせない。それは、地域の中に埋もれている生活課題はないか、足りない資源はないか、そして使える資源はないかというアンテナを張ることから始まる。そして、それらの情報を動員して地域の資源などを点検する、あるいは資源を作り出すことで、地域の中にさらにネットワークを作っていくということが期待される。

　しかし、ソーシャルワーカーにも限界はある。制度や組織の矛盾の中で揺れながら、ベターなものを選択していくしかない。そのときに、一緒に地域をたがやし、道を探る仲間がいれば心強い。

提出者の振り返り

　私は本当に自信がなく、そして焦っていた。実務経験も少ないうえに、ケースマネジメントというものに初めて加わり、チームの中での自分の役割が何なのか、それをどう果たしてよいのかわからずに戸惑ってもいた。また、正直、ここでケースマネジャーや他機関との関係を損ねると、自機関への信頼が落ち今後仕事をもらえなくなるかもしれないとも思い、積極的な発言をためらっていた部分もあった。

　スーパービジョンを通し、先輩方から多くの質問をいただきそれに答えていく中で、事例の課題、自分の気持ちや課題が少しずつはっきりとしていき、具体的にとるべき行動を考えることができた。特に、チームが期待していることは何かという質問が方向を変えてくれた。それまで先輩方が何度も「あなたの役割は？」「目標は？」と尋ねてくれ、答えてもいたのに、自分自身の役割についてうまく消化できていなかった。機関として果たすべき役割、機関の中で行うべき私の役割があるのに、「ソーシャルワーカーとして何かしたい」という気持ちが強く、それが焦りやいらだちにもつながっていたのだ。

第**2**章　苦しみやつまずきを乗り越えるグループスーパービジョンの実際

未熟なソーシャルワーカーが、「どうしたらよいのでしょう」と素直に教えを乞える場所があったこと、スーパーバイザーや先輩が批判や叱責をすることなくそれを受け入れ、お教えくださったことに心から感謝している。

当時を振り返ってみれば

　当時はソーシャルワーカーの専門性とは何かとか、何か専門的なことをしなくてはという気持ちが非常に強い時期だった。このグループスーパービジョンをきっかけに、「人の生活を支えること」や、「チームケア」ということを非常に考えることになった。人の生活は雑多なもので成り立っていて、幅広い。その生活を支えるのがソーシャルワーカーだと思ったときに、やっと「専門性」の焦りから解放された。また、そこから、ソーシャルワーカーひとりで人の生活を支えられるわけでもなく、チームが役割分担をしてこそ達成できるのだと、自然に自分の考えが切り替わっていった。

　他職種から「何でも屋」と揶揄されることもあるソーシャルワーカーであるが、今ならその揶揄を「人の生活は、何でもありだからね」と受け止められる。自然にそう言えるようになったのも、このグループスーパービジョンがあってこそだと思う。

　また地域で働くということに、新たな視点を開かれた。地域で個人を支援することと、地域を暮らしやすく変えることは車の両輪であることが理解でき、そのためのソーシャルワーカーとしての役割を考えるきっかけとなった。

9　チームアプローチを進めていくために
　　〜私は何をすればよいのか

10 矛盾を経験した私
〜5事例を振り返って伝えられること

提出者のプロフィール

- 総合病院　医療ソーシャルワーカー
- 女性　院内のソーシャルワーカーは2名配置（病床　約300床）

提出した事例

就職1年目より13年目までの提出5事例を要約し、振り返る。

勤続年数利用者の情報	提出理由	スーパービジョンで話し合われたこと	当時を振り返って
①1年目 70代女性 老衰、高血圧、胃炎、関節リウマチなど	【援助の根拠】病院という多数の専門職のなかで他職種にアピールできるものは何か。具体的にソーシャルワーカーの他職種との家庭同行訪問が必要と認められる基準は何か？	看護師には、医師の指示という判断基準がある。ソーシャルワーカーに支援開始の基準があるかどうか話し合った。明確な答えは得られなかったが、そういう中でも仕事を継続する意味、病院の中で社会福祉の視点を持った職種がいることの価値が語られ、共有できた。	「社会福祉」「ソーシャルワーク」の曖昧さに対する憤りが、私の思いの背景にあったのではないか。ソーシャルワーカーのかかわる基準がわからず、また、そこが客観的・科学的でないため、他職種の理解を得られないと思っていたのではないか。
②2年目 70代女性 脳梗塞後遺症、認知症に伴う行動・心理症状	【総合病院における医療ソーシャルワーカーの役割〜他職種との役割分担と連携のとり	院内他職種の医療ソーシャルワーカー観は、医師：病院探し屋さん、追い出し屋、看護師：生活保護の患者はあなたの患者。あなたが連れてくる患者には問題が多い。医	援助開始の根拠もわからないまま時は流れ、病院から必要とされることに意義を感じていた。しかしそれが果たして、クライアントの利益になっているのか

第2章　苦しみやつまずきを乗り越えるグループスーパービジョンの実際

127

あり。転院相談を依頼された事例	方】現実と理論、教科書とのギャップに悩み、葛藤した。いかにして他職種に理解を求めるかを学びたくて提出。	事課：生活保護確認係、生活保護に関することはソーシャルワーカーへ。電話交換手：よろず相談所。保健所予防課：「公費負担申請書運び人」と見られていると報告。しかし、ソーシャルワーカーとしての役割との違和感を感じ、「家族をサポートできなかったのではないか、寄り添えなかったのではないか」と振り返りを報告。どうしたら院内他職種の医療ソーシャルワーカー観を変えることができるか、連携できるかを話し合った。しかし、これと言った対応策はなく、一つひとつの事例を通し伝えていくことがいいのではないかとの指摘を受けた。また事例を振り返り、まとめてみること、書いてみることで、頭の中が整理でき、よかったと体験報告したところ、「書いて整理することの意味」を共感された。	どうかと自問自答する気持ちがあった。さらには、未熟な自分を棚上げして、医療ソーシャルワーカーを理解できていないと他職種を批判、責めていたのではないかと思う。事例を提出し、「書いて整理すること」の価値を確認。自信となった。
③3年目 乳児 脳出血後遺症。再虐待の恐れがあること	【他機関との関係】相談件数も増加し、院内からの期待のみではなく院外からも期待されるようになった。関係機関とのよりよい連携について悩み提出。	他機関、特に福祉事務所との関係に悩んだ。なぜうまく連携できないのか。同じ方向を向いて援助しているはずなのに……。できないのは自分が悪い（技術がない）からだろうかという思いが背景にあり、関係改善が課題だった。	他機関とよりよい連携ができないのは、自分の責任ではないこともある。福祉事務所側に責任がある場合もあるとコメントをもらい、「目からうろこが落ちた」思いだった。

④12年目	【振り返り】事例の提出ではなく、ソーシャルワーカーとして総合病院に入職し12年。自分史を提出。	病棟カンファレンスに参加したり、患者への医師説明に同席したりと、治療現場での活動が増え、(自分の進む道は)これでいいのかと仲間に投げかけた。後輩の反応も熱かった記憶がある。	さらに依頼件数も増えその対応に追われるなか、自分を見失わないようにしたかった。提出してみて、先が見えた。
⑤13年目 虐待ハイリスク世帯への援助	【医療ソーシャルワーカーの役割と職務分掌】他機関、他職種のカンファレンスの運営について。	この事例においては、「いや、その役割（司会）を担うのは児童相談所でしょ」という仲間のコメントを求めて、提出した。 提出した結果としては、期待したコメントは得られず、「転勤のある行政職に司会の役割は適当でない。長い目で、この事例を見守ることができる人がやるべき（この場合、医療ソーシャルワーカー）」というコメントを得た。また、後輩は、「調整役にはある程度の経験が必要とわかった」と感想を述べた。	この頃、ソーシャルワーカーが一人で解決できる生活課題や生活のしづらさはほとんどなく、他機関・他職種と協働する、多問題で深刻な事例が増えてきた。そこで、他機関・他職種をつなげ、カンファレンス（話し合い）の場を開催する主宰役割が、期待されるようになってきた。その際、カンファレンス主宰者となることを求められ、それは病院の業務枠内かと悩むことがあった。

上記ケースは1980年～2000年の事例である。

提出者の振り返り

　私にとって、グループスーパービジョンは「自己の振り返りを発表する場」だった。病院に勤めていた当時の困った事例を提出するというより、自己を振り返り、そしてその内容を発表する場だった。当時、発表する場は多くなかった。共に考えてくれる仲間がいて、信頼できるスーパーバイザーがいて、その環境があって、そうして安心して自己開示できていた。私にとってあらゆるものに支えられた場だった。このような好条件に恵まれたことに感謝である。
〜そのなかで学び、今も支えとなっていること
1）仲間を持つこと
　　それは、仕事上でなくてもよい。ときには酒を交わし、仕事外の仲間との交流も支えとなる。
2）学ぶこと、学び続けること
　　言うは易し、行うは難しである。しかし、学び続け、自分という「道具」を磨き続けることは重要。
3）謙虚であること、本質を見る目を養い続けること
　　他人から意見を言われたり、指摘を受けることは、その場ではつらい。しかし、それは人間であれば誰にでも起こること。その後の対応がその人の価値を決める。人の意見に謙虚であることは、道なき道を切り開くためには必要なことと考える。出口が見えるかもしれないのである。そして、謙虚でなくては本質を見る目は養えず、本質を見る目がなければ、判断基準が地域や時代、環境によって変わるこの現場での活動継続は難しいのではないかと思っている。
4）開かれた場（心）であること
　　院内の他職種に理解されないとボヤクことがあるが、どこまで自己開示しているか。理解されるよう取り組んでいるかを見直すことが重要。世間はもっと理解していないのだから。

10　矛盾を経験した私
　　〜5事例を振り返って伝えられること

以上の４点をまとめることができたのは、このスーパービジョンだった。まさに、訓練の場だった。

スーパーバイザーからのコメント

　これは、ソーシャルワーカーが自己点検をしながら、成長するプロセスであった。

　①１年目は、実践の入り口であり、自分のアイデンティティに悩んでいた。他の専門職、例えば看護師などと比べると、生活全体を支援するソーシャルワーカーの専門領域は広い。客観と主観を行き来しながら支援しており、客観を重視する医療とは大きく違っている。したがって、病院の中で、ソーシャルワーカーとしての価値や手法をなかなか確立できずにいた。そして、他の専門職に、いかに自分をアピールするか、すなわち自分のアイデンティティをどう伝えるか、自分自身に悩んでいた。

　②２年目はそこからは進んで、周囲とのかかわり、役割分担をどのように行うかに焦点が当たっている。職場の中での自己の立ち位置である。また、「書いて整理できた」と言っているとおり、「書いて整理する」ことの重要性に気づき、自信となっていった。思いを整理して伝え、共感を得たことで仲間と学び合うことの大切さにも気づいていた。

　③３年目になると、他機関、外とのかかわりのなかでの役割という視点に移っていく。クライエントの生活を支えるために、地域のなかでよりよい連携を作る際、病院のソーシャルワーカーに求められる役割を理解し、どう行動すべきかである。このとき、提出者は自分に技術がないのではないか、自分が悪いのではないかと振り返っていたが、仲間と話し合うなかで、よりよい連携に視点が移っていった。

そして10年目以降となる④では、病棟カンファレンスに参加するなど治療の場面に参加する機会が増え、周りが見えるようになったのではないか。そうすることで自信につながったのではないか。また、調整役にはある程度の経験が必要。後輩からのコメントでその点に気づき、さらに自信につながっていった。

　⑤では、さらに地域との連携を進めて行くうちに、地域の関係機関、職種とのカンファレンスを持つようになり、提出者は司会進行、カンファレンスの準備を行う役を期待されるようになる。しかし、それは病院の中にいるソーシャルワーカーの役割とは違うのではないかと、違和感を持ちながら提出者はカンファレンスを準備していた。その疑問について考える場として、スーパービジョンの場を活用している。そこに参加したメンバーから提出者とは違った意見「転勤のある行政職に司会の役割は適当ではない。長い目で、この事例を見守ることができる人がやるべき（この場合、医療ソーシャルワーカー）」という意見が出され、スーパービジョンの場は提出者の考えを修正する場となっている。そうするなかで提出者は自分の実践にさらに自信を持ち、病院だけではなく、クライエントの「生活全体」をみるようになった。そして、病院という枠を超え、自分の主体的な力量を発揮できる場を求めていくようになったのである。さらにいえば、個の支援をするとき、本人、家族、関連する周囲の利用できる資源、制度等の面でとらえ、かかわり、意図までする。ない資源は開発する。重要な実践のなかで学びとっている。

　専門職として成長するには、自分の実践を内省的に省察することが欠かせない。この事例からは、以下のことを学ぶことができる。

　第一は、立ち止まることの重要性である。ソーシャルワーカーとして成長する時間軸のなかで、立ち止まり振り返りながら、内省的省察を行っている。省みてスッキリすることも、そうでないこともあるだろうが、それでも立ち止まり、振り返ることが重要なのだ。

第二は、自分自身とソーシャルワーク実践を切り離さないことである。通常は、実践→知る・学ぶ→考えるというプロセスを経て成長するわけであるが、この提出者は、実践→知る・学ぶ→「感じる」→考えるとし、「感じる」という段階を加えている。「そうなんだ」とそのまま受け入れる人もいる。しかし、提出者は「そうなのかなぁ〜」と批判的考察を加えて、感性の部分「自分の心」で反芻している。これにより、より深く自分の心に迫っているのである。そうすることで、より深く省察しているのである。さらにいえば、自己対峙する時間を大切にしている。一つひとつの事柄をないがしろにせず誠実に向き合うことに時間をかけている。ソーシャルワークは、ソーシャルワーカーを通して提供されるので、自分自身と完全に切り離すことはできない。自分自身に深く立ち戻ることで、さらに本質を見続けることができるのである。

　第三は、「変革の核としての自己」である。苦しみも矛盾も、仲間の前で「開き続け」、自己開示を行ってきた。そして自分を同じ位置に置かず、実践のなかで動かしてもいた。「チェンジ・エージェント」注としての自己である。これが、内発的な実践へとつながり、ソーシャルワーカーとしての自己を磨き上げていくのだ。開き続けること。これらの提出事例のほかに、会合に出席する度に多く発言し、細かい視点をメンバーに投げかけ、参加者を刺激しつづけてくれたことも忘れることができない。この点が当事例の最大の価値である。

注：「チェンジ・エージェント」：組織における変革の仕掛け人、あるいは触媒役として変化を起こしていく人のこと。

11 デイサービスセンターにおけるソーシャルワーカーの実践記録

～年表を作ってみて

提出者のプロフィール

● デイサービスセンター　ソーシャルワーカー
● 女性（経験9年）

事例提出理由

　個別の一事例ではなく、いくつかの携わった業務の切り口から、実践の経過を時系列に一覧できる年表を作成しようと考えた。その理由は、一つは当時の私は怒っていて、所属する組織に対し悔しい思いを抱いていた。だから、自分が携わる実践を他者へ向けて主張したかった。

　デイサービスセンターにおける私の実践は、個別の利用者に向き合うだけではなく、提供するプログラムの中ではグループへのかかわりがあり、家族介護者教室事業のような地域へかかわる実践もあった。上司であったセンター長は、利用者本位の実践を目指して実践を進めており、私もソーシャルワーカーとして利用者本位のサービスを実現しようと、センター長とともに日々奮闘していた。

　しかし、あることからセンター長が法人の理事長と激しく対立し、異動となった。そして、理事長は個人的に親しい人間を新しいセンター長として送り込んできた。同時に、私はソーシャルワーカーからケアワーカーに配置転換となった。人事の確執に巻き込まれた形であり、不本意な配置転換であった。

　そして、新しいセンター長は現場に詳しくないにもかかわらず、次々と自分の思うように事業を変えていった。その過程でそれまで取

134

り組んできたプログラムの工夫や家族会などの実践が次々と失われていった。それらの実践を何らかの記録にとどめること、そして自分の実践を多面的に振り返るために年表を作成した。

　提出理由の一つを補足する。私は怒っていた。悔しくて仕方なかった。それは、ソーシャルワーカーとして、技量を上げるために自己投資し、でき得る研鑽を積んでも組織の理不尽な動きには到底抗えないと実感したからだ。雇われの身であり、組織側に法的な落ち度でもない限り、組織の決定に従わなければならない。どんなに夢をもって働いても、組織内で活き活きと活動することは無理なのかと思い知らされた。

　自分なりに頑張った実践が、理不尽な理由で跡形もなく消えていく。ただの泡になっていく。誰にどう怒ってよいかわからない。けれど、だからこそ、私は怒っていた。悔しかった。いや、悲しくて仕方なかった。ソーシャルワーカーは組織の中に在ることを痛感した。だから、実践の足跡を残しておきたかったのだ。

　また、デイサービスセンターの実践は、ソーシャルワークのあらゆる知識とスキルを用い、その連関による相乗作用に大きな期待を寄せて取り組む実践と気づいた。それらを体系的に表現したいと思った。この2つがセットとなり、「年表」という形式を作る原動力となった。だから、どれもこれも泡にしてしまわないために、「書かなくては」と切ないほどに思い、提出するに至った。

年表の抜粋

別表参照。

（別表） Ａデイサービスセンター事業年表　○○年△月～●○年△月

日時	コンセプト・行政との交渉・人員配置その他諸々	デイサービスプログラム	デイサービス利用者の状況	家族介護者教室・相談援助・ボランティア
○○年△月	**人事** ○○センター長 ソーシャルワーカー××主任・△△・□○ 看護師　△□ 基準上人員配置は、ソーシャルワーカー1、ケアワーカー2、看護師1、介助員1（非常勤）	**プログラムの検討** ××主任より、アンデルセン手芸と刺し子の準備をまずしようとの提案がある。それ以外のプログラム編成については、××主任が決定することになる。		
○○年○月	職名は、Ａデイサービス内においてはソーシャルワーカーとなる。採用時○○センター長より、センター職員はいずれもが家族調整等の行えるソーシャルワーカーとして働いて欲しいとの説明を受ける。	**プログラムの下調べ** 必要物品の確認と手順、進め方を勉強する。		
○○年●月		**プログラムのための買い物** 手芸材料、刺し子布、レーザーディスク アンデルセン手芸材料		
	研修　○△・□○・△□－他施設 3日間実習　他市			

11　デイサービスセンターにおけるソーシャルワーカーの実践記録
　　〜年表を作ってみて

○○年 ●月	デイケアセンター2か所見学　○△・△□－高齢者レクリエーション宿泊研修参加			
○○年 ×月	利用者受け入れ開始	プログラム実施	利用者○○名受け入れ開始 平均年齢 男女比 要介護度 身体状況 家族状況	家族介護者教室を○月より開催することとなる。 ●月より毎月開催 ※●月「◇◇市の高齢者福祉施策について」 ◇◇市高齢者福祉課○×氏担当 参加13名（家族12名他1名） 初めての家族の集まる機会となり、来年度の通所継続希望やセンター内の物的環境の改善への要望等が出された。 ※×月「初期の老人の病気発見と在宅での対応について1」 特養ホーム看護師担当 参加7名（家族5名利用者2名） ※○月「初期の老人の病気発見と在宅での対応について2」 特養ホーム看護師担当 参加6名（家族3名利用者2名他1名） ※○月「デイサービスの将来」 デイサービスセンター○○センター長担当 参加9名（家族5名利用者3名他1名） ※△月「周囲の人にわかりにくい症

スーパービジョンの実際

メンバー：大変な組織ですね。

メンバー：ソーシャルワーカーが「あおりを食った」というか、巻き込まれたというか。多かれ少なかれどこの組織にもあるだろうけれど、ここまでというのは。

メンバー：怒りというのは異動に対して？

提出者　：そうですね。異動ももちろんですけれど、それよりも施設の理念や使命を作ってきて、よりよい施設を作ろうと頑張ってきた人たちが追いやられたこと。自分も、ただただ利用者や家族にとってよいサービスを作って実践したかっただけなのに。それを阻まれる状況になり口惜しくて……。

メンバー：新しいセンター長とは、価値観が違ったということですか？

提出者　：価値観といえばそうですね。新しいセンター長が何を目指しているのかよくわからなかったし、そもそもそれがあったかどうか。利用者の前で感情的になるような人でした。

メンバー：そのなかで働くのはつらいですね。

メンバー：自分がソーシャルワーカーとして目指していることと、組織の方針が合わなかったのですね。

提出者　：合わないというか、相反していました。

メンバー：施設の方針や目標が共有されていないとチームは弱くなりますね。

メンバー：このデイサービスでは、前任のセンター長がそれを作っていたのですか？

提出者　：そうですね。センター長を中心に、皆で作り上げていったという思いがありました。

メンバー：その方針は、明文化されて法人の中では共有されていなかったのですか？

提出者　：明文化はされていたといえば、されていました。でも、法人

内でそれが理解されて承認、共有されていたという状況では
ありませんでした。結果的にはひっくり返されてしまったの
ですから。

メンバー ：それにしても、よく年表をまとめましたね。

メンバー ：愚痴とか、経過をまとめるというのはあるかもしれないけ
ど、実践を年表にするとはね。

メンバー ：年表はどの時点で作ろうと思ったのですか？

提出者 ：前任のセンター長と理事長との対立が表面化して、異動など
の予兆があったときです。

メンバー ：それがどうして年表を作ろうということになったのですか？

提出者 ：今までやってきたことが、すべてなくなってしまうという恐
怖と悲しみ……ですかね。すべて泡となる恐怖、怒り、悲し
み……。それで冗談じゃない、自分たちが取り組んだことを
文字にしなくてはと思ったんです。

メンバー ：年表って何年分ですか？

提出者 ：３年半です。

メンバー ：３年半！　その年表を作って、報告して、今はどんな気持ち
ですか？

提出者 ：書けてよかった……特に家族会については、私が担当してサ
ポートして設立されたのですが、組織からは疎まれて継続が
難しくなりました。少なくとも存在したことを記録に残せて
よかったです。

バイザー ：家族会を作るのは、デイサービスでは珍しいですよね。どう
いう思いで作ったのですか？　あるいは何を目指していたの
でしょう。

提出者 ：私としては、サービスのあり方を一緒に考えていくパート
ナーでしたし、あるいは保険者である自治体に要望を出して
いくような役割も考えていました。実際にそれができる力の
ある方々が何人もいらっしゃいました。ですから、続けてい
たらもっと活動が広がったと思います。

メンバー：組織としては、家族会をそうは見ていなかったということで
　　　　　しょうか。

提出者　：そうですね。自分たちにものを言ってくる存在。疎まれてい
　　　　　ました。今から思えば、施設内の家族会という形にしていた
　　　　　のがダメだったのだと思います。

メンバー：施設内ではダメとは？　もう少し詳しくお願いします。

提出者　：あれだけ力のある方々の活動だったので、デイサービスセン
　　　　　ターの「家族会」ではなく、「地域の介護者の会」にしてい
　　　　　けばよかったんです。そうしたら外の組織、例えば社会福祉
　　　　　協議会などからもサポートが受けられたし、法人としても手
　　　　　がだせなかったと思います。

メンバー：そういう方法もありますよね。今は「地域」ですものね。

提出者　：そうなんです。私がそれに早く気づけばよかった。知識不足
　　　　　でした。

バイザー：今は、個人の支援から地域の支援を一連の流れとして考えて
　　　　　います。個人をいかに地域で支えていくか、そのシステムを
　　　　　どう作るかということです。そういう意味では、地域に広げ
　　　　　ていくという視点は不可欠になりますね。

提出者　：それができたのにという思いも、私の「悔しさ」の原因の一
　　　　　つなのだと思います。

メンバー：年表のことに戻りますが、事業の財源とかそういうことは書
　　　　　いていませんね。

提出者　：財源ですか？

メンバー：実践するには、お金の裏付けが必要でしょう？

メンバー：そういう面では、組織のマネジメントへのかかわりという点
　　　　　ではどうでしょう？　私も在宅サービスで働いていますが、
　　　　　予算や事業計画も作りますし、日々の売り上げ計算もして人
　　　　　も動かします。ある意味、組織を動かすのも私の仕事と思っ
　　　　　ています。ただ、あまりお金、お金って言われるとつらいで
　　　　　すけど。

提出者 　：つまりマネジメントの部分ですね。

メンバー：ここまでこじれた組織になると、なかなか変えていくのは難しいかもしれません。でも、マネジメントもソーシャルワーク実践の一つかなと思います。

メンバー：お金とか、数字とか、そういうものだけがマネジメントではありません。よいサービスを提供するための日々の実践がマネジメントとつながるということです。

メンバー：組織の理不尽を変えていくのも、私たちの仕事なんですね。

スーパーバイザーからのコメント

　デイサービスの家族会はなかなか珍しい。この施設もソーシャルワーカーが一人でなく、地域に共有できる仲間がいたら輝いている施設になっていたであろう。

　また、このソーシャルワーカーは業務を相談に限定しないで、個別の支援から地域の支援まで「総合化する」ことをデイサービスセンターの仕事と位置づけていた。のみならず、利用者や家族を客体から主体へと変えた。家族会を結成したことはエンパワメントアプローチと言えるだろう。

　しかしながら、提出者は組織の混乱に巻き込まれていった。組織のソーシャルワーカーへの無理解、権力的な上司、理不尽な異動などに直面していった。そして頑張った実践が跡形もなく消えていってしまい、組織のむなしさを感じた。さらに組織に所属して働かなければならないソーシャルワーカーの立ち居振る舞いを学び、組織と心中しないためにはどうしたらよいかを考えたと思う。メンバーが指摘したように、マネジメントもソーシャルワーク実践の一つである。

　また、怒り、悔しさ、言葉にならぬ感情を表すことで、心や気持ちの整理をつけようとする作業が「年表づくり」であった。自分の

思いと実践を書き残していきたいという思いを言語化することである。年表を作ることで、提出者は当事者であっても自らを観察者の位置に立たしめ、自分の実践を見つめなおすという作業をして、自分が行ったことを外在化させたのである。

これを皆の前で発表することで、議論の場を形成して学ぶ機会とした。怒りや悔しさを共有化して、その痛みを客体化、客観化することに取り組んだといえる。皆このような怒りや理不尽を感じ、体験しているが、言語化できることは少ない。その点貴重な報告であった。

ソーシャルワーカーには、皆で一緒に考えるという学びの機会と場が必要である。

提出者の振り返り

報告の場があることで、年表を作る作業を投げ出さずにすみ、成しえることで満足感を得た。実践年表作成により、事業をともに進めるチームの体制づくり、対利用者へのプログラムの数々の工夫、個々の利用者にかかわりつつも必要なデータをまとめる作業とそれらの活用、対地域向けの事業推進等の実践を可視化することができた。多忙な実践の最中に立ち止まって書くことはとても難かしい。だからこそ、グループスーパービジョンの「場」は相当大きな存在だったと思う。書いてまとめてみると、聞いてくれる人がいる、一緒に考えてくれる人がいる、安心して話してよい人がいる、適切なコメントをしてくださるスーパーバイザーがいる。何とか同業のまま続けられたのは、こうした「場」を新人時代に得られ、顔の見える相談できる先輩方を得たことが大きな一因だと思う。そして、卒業してからもかかわりを継続してくださっているスーパーバイザーの山崎先生のおかげだと思う。また、デイサービスセンターでの実践、個々への支援を盛り立てたり、安心の場を拡げたり、より悪

い状況にしないためのつながりと支えであったりと、絡み合って厚みをつけて行くことであることを再確認できた。しかし、地域とのつながり、そして財政面も含めマネジメントの課題も実感することになった。

当時を振り返ってみれば

　この組織での経験、そして年表づくりを経て私は次への挑戦をすることになった。デイサービスセンターを新たに作るという職場に転職したのである。３年半の実践を書き溜めた年表を自分の力として携えて、次の場でこの実践を活かそうと、新たなセンターづくりへ挑む気持ちになった。

　年表を作る原動力になった、組織の理不尽さへの悔しい思いや、自分にとっての「異動」という試練は、組織に所属して働かねばならないソーシャルワーカーとしての立ち居振る舞いを鍛えてくれたと思う。

　新しい職場では、皆で共有できるわかりやすいビジョンを作ることと、チームビルディングに力を注いだ。また、記録をつけるということを徹底し、振り返りが容易にできるシステムも作った。記録の中には、利用者の実践記録だけではなく、業務記録、マネジメントの記録も作っていった。利用者と向き合ってうまいこといけばいい……ということだけでは、ソーシャルワーカーの実践は成り立たない。組織の中で存分に動くためにはどうしたらよいか、どのように組織に働きかけたらよいのかなど、さまざまなことをこの経験から学べたと思う。

第2章　苦しみやつまずきを乗り越えるグループスーパービジョンの実際

143

12 地域における医療ソーシャルワーカーの活動
～X区医療福祉相談会の成り立ちと今後の課題について

提出者のプロフィール

- 民間小規模急性期病院ソーシャルワーカー
- 女性（経験14年）

事例提出理由

　所属する職能団体で、各ブロックに順番が回ってきた事業を「義務」として行うことから、相談会活動の取組みが始まった。新人の時に、他区で開催された相談会事業に参加し、ベテランソーシャルワーカーの面接に同席し、準備や会場設営、関係機関への挨拶や交渉を一緒に行ったことで、地域活動の基本を経験でき、同時に地域でのチーム作りの面白さを感じるようになった。また、相談会で出会う相談者の悩みが日々の業務で感じる困難と同じであることなどの発見や、相談内容をまとめ、分析できることに魅力を感じるようになった。活動を続けるなかでいくつかの課題に直面したため、地域活動の経過を整理し振り返るとともに、今後についての助言を得たいと考えた。

援助経過

1 活動の始まりから地域独自相談事業の立ち上げへ

◆ 地域巡回医療福祉相談会について

　都道府県からの委託事業である地域巡回医療福祉相談は、都道府県医療社会事業協会（以下A協会）が、各ブロックの運営委員を中心に実行委員会を組織し、平成8年当時は各ブロックで年2回ずつ、年間12回、現在は各ブロック年1回（ブロックは6から7ブロックに増えた）、年間7回の相談会を実施している。また、X区の独自相談会開催を契機に、他区でも同様の取組みが始まり、現在都内4か所で地域の要望に応えた地域ごとの独自相談会を開催している。

◆ 独自事業の立ち上げ

　地域巡回医療福祉相談会は、委託事業としていくつかの区をまとめたブロックで巡回する性質であったため、他区に引き継ぐこととなり、区内のソーシャルワーカーで話し合いがもたれた。さまざまな課題がありながらも、来談者が想定を大幅に上回ったこと、区医師会、区健康部、区福祉部現場からの積極的な協力を得たこと、来談者の相談内容、地域の要望などから、独自事業として継続して行いたいという声があがった。所属するA協会に相談した結果、協会の予算を得て「X区医療福祉相談会」として立ち上げることとなった。

　X区のソーシャルワーカーとともに、A協会から副会長と企画運営委員（ともに公立病院ソーシャルワーカー）が医師会館にて医師会長および区の健康部長、福祉部長に面会し、事業の必要性を訴えた結果、年2回の開催、後援および医師・職員の派遣・協力を得ることが実現した。また、地区医学会で活動報告も行った。

　X区医療福祉相談会は講演会や祭り等の場所での併設開催ではなく、相談会単独開催の形をとっていた。ソーシャルワーカーが中心

になって相談を行い、区医師会より派遣された医師、区より派遣された保健師、理学・作業療法士、栄養士、介護保険課相談員、生活保護相談係員が内容に応じ相談を受ける。多くの職種が一堂のもとに会する、連絡・連携の取りやすい相談会となっている。

2 医師会・区との関係作りについて壁にあたる

数年間、順調に関係機関の賛同と協力を得て拡大した相談会活動が大きな壁にあたった。医師会の相談会担当医師が、相談会活動の継続について「ほかの相談窓口との違いは何か、必要性を認めない、（相談結果に）誰が責任を取るのか。時間、広報に無駄が大きい」と否定的な意見を述べ、それまでどおりの後援、支援が打ち切られることになった。区や医師会事業との差異や必要性について実行委員のなかでも話し合った。ほかの相談窓口との違いは、多職種が一堂に会し、個別相談に応じること、相談結果の責任については、必要に応じ通院先の医療機関に報告書を送付、必要な行政窓口への申し送りを行うこと、当日の相談員の安全についてはイベント保険に加入し事故への補償を行うこととなった。その年度は医師会の決定には従って、都道府県の委託事業である地域巡回医療福祉相談会のみを開催した。次の年度には上記の改善策を説明のうえ再度協力を依頼し、再開することができた。

3 相談会の継続と見直し

初回の開催から6年後、相談会を開催すること自体が目的化し、マンネリ化しているように事例提出者が感じることがあり、意義について改めて整理・再確認する必要を感じていた。ほかのソーシャルワーカーからも準備活動の負担について疑問の声が上がったこともあり、実行委員会にて再度検証を行った結果、準備作業を洗い出し、独自の相談会マニュアルを作成し、役割分担を行うこととなっ

12 地域における医療ソーシャルワーカーの活動
〜X区医療福祉相談会の成り立ちと今後の課題について

た。準備作業の効率化を図り、各ソーシャルワーカーの負担の軽減を図る一方、年2回の開催、医師会をはじめとする多機関、多職種との共同事業という内容は維持する必要があることを確認した。

その後、介護保険が導入され浸透するなかで、参加する医師の年齢、考えにも変化がみられた。当初より、相談会当日に参加者全員による反省会を行い、相談事例の共有および多職種からの報告、今後の具体的なフォローについて検討していた。これにより、各スタッフが担当した事例以外の相談内容、多職種の対応について全員で共有することができた。参加した医師から、「勉強になった。これは必要なことだと思うので、また機会があれば参加したい、委員会にもそのように報告したい」との意見を得た。その後、専門職に地域包括支援センター相談員が新たに加わった。

4 地域ネットワークへの広がり
◆ 相談会から広がった地域ネットワーク

A協会から区医師会、区健康部、区福祉部に公文書を発行し年度ごとに相談会事業への協力依頼を行い、報告書送付を継続したことから、区内のソーシャルワーカーが定期的に会合を持ちながら活動していることが行政機関の担当者に周知されていった。介護保険関連を中心に、職能団体（A協会のX区医療ソーシャルワーカーの会）として制度的にも行政担当者からも存在を認められ、各種事業に参加を要請されるようになった。介護認定審査委員、障害認定審査委員、介護保険改定検討委員、地域密着サービス運営委員を区からの依頼によりA協会からの推薦を受け交代で務めている。区、区医師会主催、難病患者会後援にて開催される神経難病相談会にソーシャルワーカーを派遣している。区医師会館にて開催され、医師、保健師、理学療法士、作業療法士とともに医療福祉相談を行うとともに、難病患者団体の方々と連携をとっている。

また、介護保険課が主催し、区のみでなく、近隣地域のソーシャ

ルワーカーも含めた医療福祉連絡会を年2回定期的に開催している。その後、地域包括支援センターも加わり、介護保険課とソーシャルワーカーと三者の共催という形で行うようになった。準備のための作業部会を重ねることにより、課題の共有、課題解決のための相互理解と役割分担、今後の活動の企画などを行っている。現在では、ソーシャルワーカーが主催する相談会を年1回、介護保険課が主催する医療福祉連絡会を年2回と二つの事業を車の両輪として開催・運営しながら、さまざまに広がっている活動を区内のソーシャルワーカーが分担している。さらに、介護保険シンポジウム実行委員会参加およびシンポジストとしての参加、介護フェア相談ブース運営、医療と介護の連携会議出席と活動が広がった。

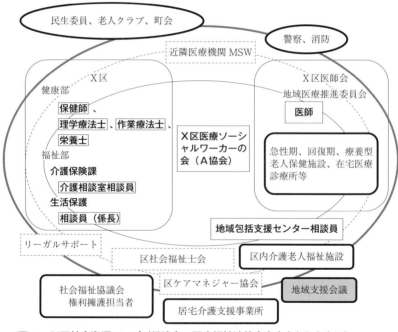

図表　X区社会資源マップ（相談会、医療福祉連絡会を中心としたもの）
（中心の円：相談会参加専門職、点線の円：医療福祉連絡会参加団体、外側の円：地域支援会議）

5 時代の変化と世代交代

◆ 専門性、独自性、相談件数

　地域包括支援センターの機能や生活困窮者支援制度、権利擁護事業や成年後見制度などの制度や相談窓口が充実し、区民の身近にある相談窓口で解決できることが増加している一方、制度の狭間にある相談内容は複雑になってきている。医療と福祉をつなぐ、ワンストップで総合的な相談のニーズは確実に増えている。相談会を中心とした活動を通じて、ネットワークの形成や、地域包括ケアシステムと医療のつながりを改善するための入り口作りをしてきたといえる。このことを、医師会や行政に働きかけ、事業化を要望していく必要もあるのではないか。そのためには、ソーシャルワーカーの専門性と相談会事業の目的、独自性を明らかにし、共有することが大切である。

　また、相談件数が減少していることについては、広報、場所、方法等工夫すべき点はあると考える。今後は相談会の内容を、講演会などを併設することや地域の小さな単位で開催するなど、時代の変化に合わせて見直す必要がある。

◆ 負担軽減と世代交代

　ソーシャルワーカーを取り巻く環境も変化しており、医療機関の施設基準や加算に社会福祉士が明記され、医療機関に貢献を期待されることで、少数で業務を行う一人ひとりのソーシャルワーカーはますます時間に追われるようになっている。病院の外に出ることが日中も、夜間にも困難となっているため、分担された役割への負担感が増加している。事業の見直しや効率化を図り、負担を減らす必要がある。

スーパービジョンの実際

バイザー ：はじめから、医師会や区からの協力を得られたのは何故で しょう？

提出者 ：第1回目参加の医師と、その方と顔見知りであったベテラン ソーシャルワーカーのおかげだと思います。その医師は、以 前も参加されたことがあって、医師会のベテランで行政や現 場での信頼がとても厚い方でした。

メンバー ：どんなふうに？

提出者 ：訪問診療を行う医師はほとんどいなかった頃から訪問診療を 行い、訪問看護師や介護相談室などの地域の介護、医療ス タッフから信頼を集めていた方で、民間病院の院長でした。 その医師とベテランソーシャルワーカーが面識があったの で、すんなりと受けてもらえました。また、ベテランソー シャルワーカーが保健所の酒害相談事業の企画運営に毎月参 加していたことで、保健師のトップの方も、「普段おせわに なっている○○さんには全面的に協力します」と言ってくだ さいました。さらに、「○○先生が参加するなら是非」と、 当時の介護相談室の室長が意欲的にかかわり、福祉部関係部 署から係長クラスの職員数名が参加することになっていきま した。

メンバー ：その医師とベテランソーシャルワーカーがキーマンだったの ですね。

提出者 ：はい。あっという間に医師を慕って医療と介護の現場の方が 集まったという印象です。相談件数も30件以上あったので、 次年度も2回の相談会を同区で開催することを希望しまし た。

メンバー ：どんなふうに広報を行ったのでしょう？

提出者 ：医師会と区の健康部、福祉部宛に公文書を作り、チラシ印刷

12 地域における医療ソーシャルワーカーの活動
～X区医療福祉相談会の成り立ちと今後の課題について

を行いました。介護相談室や障害者福祉課、保健所や社会福祉協議会など、現場でかかわる関係機関や民生委員の会長会や老人クラブの会長会などに、ソーシャルワーカーが手分けして出向いて事業の案内やチラシの掲示、相談者への紹介を依頼しました。

メンバー：そのほかにはどんな工夫をしましたか？

提出者　：相談会の後は、チラシ掲載・配布を依頼した機関に報告書を送付または持参して継続の必要性を訴えました。年度の初めには、数名のソーシャルワーカーが分担して医師会や保健所、介護保険課などに出向いて公文書やチラシを届けています。その時に新人ソーシャルワーカーも名刺をもって同行して挨拶をしています。行政機関には異動があるので、数年たつとメンバーが変わってしまうことも多く、その都度新しい担当者に挨拶をして、一から活動を説明しています。

メンバー：それで、ソーシャルワーカーがかたまりでいることが伝わったのですね。

バイザー：この相談会はアウトリーチの一つとして位置づけられます。患者さんが身近な相談の機会があると、病院よりもう少し手前のところで相談しやすいと思います。相談の数は少なくても、こういうところで相談会を行うこと、出向いていくことが重要です。さらに、地域とのつながりを考えれば、地域包括支援センターが参加するようになったことは重要です。

提出者　：あるとき、参加した医師会のベテラン医師から、「他の相談窓口とどのような違いがあるのか？　自分は必要性を認めない、広報に無駄がある」と言われ開催を認められず困ったことがありました。

バイザー：それは当然ですよ。医師会が、自らにとってどんなメリットがあるのかをソーシャルワーカーはしっかり説明する必要があります。理解を得て、説明をして、一緒に参加してもらうことも時には必要かもしれませんね。

提出者　：この頃は、世代交代、活動の継承についても課題となっています。

メンバー：具体的にはどんなことですか？

提出者　：女性が多い職場でのライフサイクルとの兼ね合いもあります。職場でソーシャルワーカーとして存在し続けることも、簡単ではないと思います。その支えとなるような活動を目指したいのですが。限られた人数のソーシャルワーカーが日々の業務に加えて地域活動を継続することの負担をどうするかというところです。

メンバー：それは、男女を問わず、同じ課題がありますね。個別に配慮するとか、バーンアウトしないための工夫なども必要ですね。

提出者　：そうなんです。そのためには事業の見直しや効率化を図って、負担を減らしたいんです。ソーシャルワーカーが地域のネットワークシステムを作り上げることの楽しさを感じられたらよいと思うのですが、どうすればよいのでしょう。

メンバー：行政主催の多職種の会議に参加していますが、発言できる空気はありますか？

提出者　：はい。医師や大学教授である委員長がソーシャルワーカーに、医療の現場にいる専門職としての意見を求めてくださいます。そのチャンスを生かして、もっと有効な意見や施策への提案ができるとよいのですが、まだまだです。

バイザー：ソーシャルワーカーは業務のなかで制度上の矛盾がみえてしまいますが、それについて先に話してしまうことは避けたほうがよいでしょう。そうでないと他職種と距離感が出てしまいます。根拠に基づく話をするために事前に小さなメモを持っていくなど準備をして事実を伝えることが有効でしょう。

スーパーバイザーからのコメント

　この事例では、ネットワーク作りの重要性とその手法を学ぶことができた。

　地域において、地域を耕し続けて、地域の資源となっている。なくては困るならそれを作る活動も必要ということだ。地域ネットワーク作りで大切なのは一緒に事業を行うこと、顔の見える関係作りであり、これがあるからこそお互いの資源が有効に機能し続ける。行政に位置づけられるには時間がかかる。また医師会とのかかわりについては、医師の世代や年齢で変化する。「逆らわないけど引き下がらない」手法は絶妙である。

　ネットワークを作る際には、情報共有はもちろんだが、フィードバックも重要である。この事例も相談会当日の反省会でのフィードバックがあり、「勉強になる」と医師や他職種が参加するのではないか。制度により相談が分けられてしまうなかで、ワンストップで総合的な相談を必要とする人々は増えている。地域にこうした相談事業があることは極めて重要である。

　機関間連携も重要である。この事例は、A協会と医師会、区などの組織間の連携で進展している。職能団体が機関間連携をしていくと医療、介護と分断されずシームレスにつながり在宅での連携ももてる。顔が見えていると連携、ネットワークを作りやすくなる。それを積み上げていくことでネットワークの質が上がっていき、システムになりやすい。事業の継続性も出る。熱心なメンバーだけで行う集まりは続かない。ネットワーク作りと継続には、担当者間での顔の見える関係作りと機関間との二重構造であることが重要である。

提出者の振り返り

　入職1年後に一人職場となり、がむしゃらに目の前の患者さんやご家族からの相談を受けながら手探りで毎日を過ごしていた頃、地域活動を通じて出会う先輩や他職種とのやりとりが勉強となり支えとなった。そこで出会った地域の仲間とともに、所属する職能団体からの「義務」として課せられた相談会活動を行うことから、手ごたえを感じ、地域の関係機関との「ネットワークを作る」ことに広がり、地域での独自相談会事業を立ち上げた。主体的に取り組み、事業を継続するなかで幾つかの壁に当たった時、勉強会に提出し示唆を得た。顔の見える信頼関係作りと、機関間連携のどちらも必要であるという助言を常に意識して地域活動を行っている。

　さまざまな制度は作られているが、常にその狭間にあって苦しんでいる方々は多く、日常業務のなかと同様、相談会でもそのような人に出会う。解決方法が簡単に見つかることはなく、関係機関も複数にわたり、手を差し伸べあって援助していくことが求められる。制度に限界があるなかで苦しんでいる方の存在と、限界を共有すること、複数の機関でそれぞれにできることがあること、相談者の問題解決という同じ目的をもつことを体験できること、その重要性についても共有できることが大切であると考える。

当時を振り返ってみれば

　先生からのご助言で、今でも脳裏に刻まれているのは、医師会が、自らにとってどんなメリットがあるのかをソーシャルワーカーは明確に説明する必要があるということであった。医師会の担当医師から厳しい意見を言われたことが、活動を見直すきっかけとなった。当時、「こういった活動を長く続けることは簡単ではない」と

12　地域における医療ソーシャルワーカーの活動
　　〜X区医療福祉相談会の成り立ちと今後の課題について

も言われたが、その医師は真剣にソーシャルワーカーの活動を考えてくださったのだとも思える。医師だけでなく、区民や多職種に対しても、今後の活動を継承していくソーシャルワーカーに対しても、どのような目的と意義があるかを考え、伝え、理解を得ることが求められている。医療の現場にいる福祉の専門職として、課題を発見、考察し、身近な地域での実践を通して、仲間や多職種とともに、しくみを一人ひとりの方にとって、より役立つものになるよう地域のネットワークを耕し続けていくことが必要である。

　現在は、相談件数の減少や世代交代の課題等があるが、仲間とともに、これまでの活動を見直し、より良い内容となるよう取り組んでいきたい。勉強会の場での経験が、エネルギーの源となっている。

第 **3** 章

やってみよう！
グループスーパービジョン

第2章ではグループスーパービジョンの実例を通し、ソーシャルワーカー同士が気持ちを分かち合い、支え合うことが成長につながることをみてきた。しかし、すべてのソーシャルワーカーが仲間に恵まれ、グループスーパービジョンが開催できる状況にあるわけではない。職場にスーパービジョンの体制がとれていなかったり、ソーシャルワーカーが一人しか配置されていない場合もある。また、体制があったとしても考え方や価値観が異なり、理解が深まらず分かち合いに至らない場合もあるだろう。
　本章では、周りに仲間がいない、スーパービジョンの方法がわからないといったソーシャルワーカーに対し、仲間の見つけ方、グループスーパービジョンにつなげる事例検討会の開き方、それらが難しいときに行うセルフスーパービジョンについて、その方法を具体的に伝えていくこととする。
　なお、本章での「仲間づくり」とは、顔の見える直接的な関係を作ることをいう。

<table>
<tr><td>1</td><td>仲間を探し、関係と場を作る</td></tr>
</table>

スーパービジョンが開かれる場が近くにないときには、まずは仲間作りから始めていく。苦しみや葛藤を分かち合う関係がグループスーパービジョンの土台であり、そのためには信頼関係で結ばれた仲間が必要である。

1 仲間を探す

仲間作りの方法としては、職能団体や地域の団体、ネットワークへの参加などがある。

職能団体とは、身近な団体としては、公益社団法人日本社会福祉士会、公益社団法人日本精神保健福祉士協会などがあげられる。職能団体では、専門性の向上のために体系的な研修体制を整備し、認定社会福祉士、認定精神保健福祉士などの上級資格取得の道も整備している。研修参加を通じて多くの仲間が見つかるであろう。職能団体の多くは毎年全国大会を開いており、それに参加すれば全国の仲間と交流することもできる。これらの職能団体は分野を問わず、幅広い仲間と交流できるのが特徴である。また、都道府県ごとの組織であり、同じ地域内での情報交換や学び合いの機会も多くある。

また、公益社団法人日本医療社会福祉協会や一般社団法人日本介護支援専門員協会など、働く分野別に団体が構成されている場合もある。これらの団体も、各種研修を整備し、大会を開催しているのでそれらに参加して仲間を探すことができる。同分野で働く仲間であるので、共通の話題や悩みも多く共感ができるであろう。

ソーシャルワーカーが所属する組織は、地域の団体やネットワークに参加することも多い。協議体のような公的組織、事業者連絡会などが代表的である。研修というよりは会議が多くなるかもしれないが、会議を通じて考えが共通する仲間を見つけることもできる。

さらに、同じ地域に働く仲間として、地域の課題をともに解決するという立場から共通項を見出すことができる。

さらに、本グループスーパービジョンのように、卒業した学校で仲間を探すという方法もある。共通の教育を受けている同窓生は価値観の共有ができやすく、心強い仲間である。また大学等の教員を通じて集まりや勉強会を企画することもできる。

あるいは個人が加入する各種学会や研究会、勉強会などへの参加から仲間を見つけることもできる。

多様な方法で学びを分かち合う仲間を見つけることができる。一人で悩まないで、課題を共有したり、率直に語りあい、自己を成長させる場を構築することは、とても大切なことである。

2 関係と場を作る

さまざまな機会に参加しても、自らが主体的に働きかけなければ「関係」は作れない。思い切って踏み出そう。知り合ったなかから話の合いそうなソーシャルワーカーを見つけて、情報交換から始めていく。初めは1対1の細い関係であるかもしれないが、それを徐々に広げていくことを目指そう。関心のありそうな事柄からテーマを決め、そのテーマで「情報交換会」、「勉強会」を始めてみる。会場は地域の会議室を借りてもよいし、あるいは組織の許可が得られるなら組織の会議室でもよい。ごく数人でかまわないので、とにかく直接話ができる関係と場を作ることが大切である。これらを数回続けた後で、事例検討会につなげていく。

2 グループスーパービジョンにつなげる事例検討会

　事例検討会は自らの実践を振り返り、実践の過程を今一度検討し、よりよい実践を生み出す方法の一つである。実践と事例検討は両輪の歯車ともいえよう。なお、ここでいう事例検討は、よりよい実践を築くための実践の道具の一つであり、研究領域でいう事例研究とは異なっている。

　事例検討会は、以下のステップで進めていく。

1　事例検討会の目的の確認

　漠然と事例検討をすることを避け、目的を明確にして進めることが大切である。事例検討会を開催する前に、なぜ事例検討会を開くのかを確認しておく。

　事例検討会には、大きく分けて二つの目的がある。

　一つ目は、個別事例の支援方法を学ぶ場とすることである。支援が難しい事例も、事例の背景や家族関係、利用できる資源やソーシャルワーカーが果たす役割などについて、複数のソーシャルワーカーが深く検討することで、多様な意見が出てくる。それが相談活動を前に進めていく力となる。

　二つ目は、地域の状況を把握することである。特に地域で開く事例検討会は、事例を通して各機関の役割や課題、そして地域の課題を把握し、共有することにつながっていく。

　個別支援を行う実践を展開するにあたっては、個々の事例に焦点をあてるにとどまらず、個別支援と地域支援を一体化して進めることが求められているのである。

　事例検討会は、参加者とこれらの目的を確認することから始める。

2 事例の提出

事例検討会の目的が確認できたら、いよいよ事例を提出して検討に移る。

事例を提出する際は、ただ漫然と事例を提出したり、事例説明で終わらせるのではなく、「課題」「学びたいこと」「議論してほしいこと」をまず明確にしなければならない。

提出事例には、以下の内容を含めると検討がしやすい。

- ・事例を提出した理由
- ・クライエントとその状況
  （生育歴、家族状況、病歴、障害などの状況、一日の生活の過ごし方、性格、強み、本人の周辺に本人および家族を支える人がいるかなど）
- ・支援経過（面接の記録、クライエントの姿を伝えるエピソードなども含む）
- ・ソーシャルワーカーが考える支援の方向性
- ・地域の状況や活用できる社会資源、必要な社会資源の有無

なお、提出事例は仮名にしたうえで、本人が特定できないように加工・改変を行わなければならない。また、提出事例を回収することもある。場合によっては、本人、当該家族、関係者が参加することもある。

3 事例検討の進め方

提出された事例をもとに、事例検討を行う。事例提出者を始め、参加者が「参加してよかった」「役に立った」と思えるような検討を行うためには、以下の点に留意が必要である。

・適正な人数設定を行う（あまりに参加者が多いと、焦点がぼやけてしまい、話が深まらない。個別事例の検討は、多くても10人程度のグループに分けて行うことが適当である）
・事例検討会の目的の確認（1の再確認）
・提出事例の問題だけに着目しない
・クライエントが持っている、強さやプラス面に気づき、それを引き出すことに焦点をあてる
・言葉にならないクライエントの願いや希望を見出す
・時間軸を大切にし、個人、家族、コミュニティの変化を追ってみる
・クライエントのコミュニケーションの特性について検討する
・他職種からの参加や発言も求める
・事例提出者およびクライエントへの一方的な批判は行わず、建設的な発言を行うことに努める

4 事例検討会を通して得られるもの

　事例検討会では、実際の事例の支援の方向性のほか、以下のいくつかの学びが期待できる。

　第一は、記録の書き方である。事例提出を行うには、それまでの支援経過を記録してあることが前提である。記録は、所属する機関やソーシャルワーカーの経験などにより、方法や内容が違う。他者の提出事例をみることで、わかりやすい記録の書き方を学ぶことができる。

　第二は、事例の深め方である。参加者の質問やそれに対する議論から、どのような質問をすれば事例を深く検討することができるのかを学ぶことができる。

　第三は、ソーシャルワーカーの役割の再確認である。多くの意見

を聞くことで、チームの役割とその重要性を確認し、その後ソーシャルワーカーが何をするべきなのかが明らかになってくる。

第四は、自己学習の仕方である。事例検討を通して、ソーシャルワーカーがどのような考えで支援にあたっていたのか、またどのような課題をもっているのか、どうやってそれに対処しようとしているのかなどを学ぶことができる。それが、自分自身の振り返り、課題の発見につながり、その後の自己省察・自己学習へと展開できる。

事例検討を通して、仲間とともに成長していくことを実感できる学習の方法も体得できる。検討を重ねるなかで、価値観の共有が図られ、仲間との信頼関係が醸成される。そして実践のもつ力に気づいて、日々の実践を大事にできるのである。

5 大切な「社会的気づき」の共有

事例検討やスーパービジョンを通じ、一つひとつの事例の背景について、丁寧に考察を深める過程で、個人的課題のなかに社会構造的課題を見出すことがある。特に格差社会のなかで生きるクライエントが受ける、社会的差別、排除との摩擦のなかで苦しんでいる本質に突きあたることがある。

ソーシャルワークは、社会資源の不足や社会的差別を超えて、社会的課題をともに分かちあい、社会的解決にいたる道を探る必要に気づく。「社会的気づき」に到達する深い事例検討へと進める過程がある。そのことは、それぞれのソーシャルワークの価値に直面することでもある。このレベルまで事例検討が進むと、本質的な深まりの学びが生まれ出るであろう。

3 セルフスーパービジョン

　仲間をすぐに見つけることが難しいときは、セルフスーパービジョンを行ってみよう。これは自分の行ってきた支援を記録し、振り返ることである。第2章で紹介したグループスーパービジョンも、まずは一人で事例をまとめ、自分なりの提出理由を作ることから始まっている。つまりセルフスーパービジョンを行っているのだ。事例11の年表作りも自己省察の一つの方法である。

　セルフスーパービジョンにおいては、自分の「心のひっかかり」に着目することが大切だ。うまくいった事例でも、うまくいかなかった事例でもよい。結果ではなく、むしろプロセスに着目し自分のなかで納得いかない部分や、疑問があった事例を取り上げるのである。

　セルフスーパービジョンにおいて焦点をあてるのは、自分自身の感情や行動である。まずは心のひっかかりや疑問をとにかく言葉にする。つたない言葉でも、まとまらない言葉でもかまわない。とにかくその気持ちを「書く」ことから始めていく。その後、支援の経過を客観的事実と自分の行動、そのときの自分の感情や考えというように分けていくと整理しやすい。言語化し、外在化させることが、セルフスーパービジョンには重要なのである。

　第2章の事例11のように、時系列でまとめる方法が一般的だが、下記のように表などを使って整理していく方法もある。

＜振り返りの例＞
　Aさん　　（○年○月〜○年○月担当）
　私が心に引っかかっていること：Aさんの行動に「共感する」ことができなかった。

支援経過	私の行動	私の考え
○月○日 民生委員から電話で「ゴミ屋敷」があるので支援をしてほしいと依頼を受ける。 〜	○月○日 家庭訪問を行うが、ドアを開けてもらえない。 〜	とにかく大変なケースだ。拒否されているのに、どうしよう。Aさん、困った人だな。 〜

　そしてこれらの作業を通し、自分の心に本当は何がひっかかっているのかを掘り下げ、最後に「まとめ」という形で自分なりの考察を加えていく。

　一人での作業は決して楽しいものではない。自分の未熟さや誤りに気づき、筆が進まないこともあるだろう。しかし、振り返りはソーシャルワーカーの成長にとって不可欠な行為だ。また、うまくいかなかった、心残りだ、何が悪かったのだろう……という気づきがなければ、成長はない。まずは気づけたこと、それを振り返ろうとしている自分がいることが、第一歩である。

監修

山崎美貴子（やまざき・みきこ）

元・明治学院大学副学長、神奈川県立保健福祉大学学長

現・一般社団法人全国保育士養成協議会会長、東京ボランティア・市民活動センター所長

著

明治学院大学山崎美貴子ゼミソーシャルワーク勉強会

● 執筆者一覧（50音順）

磯部祥子（いそべ・さちこ）………………… 第2章

社会福祉士・精神保健福祉士／医療機関ソーシャルワーカー

磯部雅子（いそべ・まさこ）………………… 第2章

社会福祉士／元・医療機関ソーシャルワーカー

大沼扶美江（おおぬま・ふみえ）…………… 第2章

社会福祉士・精神保健福祉士／医療機関ソーシャルワーカー

源甲斐照美（げんかい・てるみ）…………… 第2章

社会福祉士／ソーシャルワーカー、非営利団体理事

小松美智子（こまつ・みちこ）……………… 第2章

社会福祉士・精神保健福祉士／武蔵野大学人間科学部社会福祉学科教授

澤畠雅子（さわはた・まさこ）……………… 第2章

元・医療機関ソーシャルワーカー

高橋明美（たかはし・あけみ）……………… 第2章、第3章第1・3節

社会福祉士／明治学院大学社会学部付属研究所研究員、明星大学非常勤講師

平野幸子（ひらの・さちこ）………………… 第2章

社会福祉士・介護福祉士／明治学院大学社会学部付属研究所ソーシャルワーカー

藤井かおる（ふじい・かおる）……………… 第2章

認定社会福祉士（医療分野）・救急認定／医療機関ソーシャルワーカー、
一般社団法人東京都医療社会事業協会理事

山崎美貴子（やまざき・みきこ）…………… はじめに、第1章、第2章、第3章第2節
再掲

ソーシャルワーカーの成長を支える
グループスーパービジョン
苦しみやつまずきを乗り越えるために

2018年5月20日　発行

監　修：山崎美貴子
　著　：明治学院大学山崎美貴子ゼミソーシャルワーク勉強会
発行者：荘村明彦
発行所：中央法規出版株式会社
　　　　〒110-0016　東京都台東区台東3-29-1　中央法規ビル
　　　　営　　業　TEL 03-3834-5817　FAX 03-3837-8037
　　　　書店窓口　TEL 03-3834-5815　FAX 03-3837-8035
　　　　編　　集　TEL 03-3834-5812　FAX 03-3837-8032
　　　　https://www.chuohoki.co.jp/

印刷・製本：長野印刷商工株式会社
装丁・本文デザイン：澤田かおり（トシキ・ファーブル）

ISBN978-4-8058-5699-4
定価はカバーに表示してあります。
落丁本・乱丁本はお取り替えいたします。

本書のコピー、スキャン、デジタル化等の無断複製は、著作権法上での
例外を除き禁じられています。また、本書を代行業者等の第三者に依頼
してコピー、スキャン、デジタル化することは、たとえ個人や家庭内での
利用であっても著作権法違反です。